EUROPA-FACHBUCHREIHE
für Metallberufe

Ulrich Fischer
Max Heinzler
Roland Kilgus
Friedrich Näher
Stefan Oesterle
Heinz Paetzold
Werner Röhrer
Andreas Stephan
Ralf Winkow

Formeln für Metallberufe

7. Auflage

W0291574

Bildbearbeitung:
Zeichenbüro des Verlages Europa-Lehrmittel, Leinfelden-Echterdingen

Druck 5 4 3 2 1
Alle Drucke derselben Auflage sind parallel einsetzbar, da sie bis auf die Behebung von Druckfehlern untereinander unverändert sind.

Satz: Satz+Layout Werkstatt Kluth GmbH, 50374 Erftstadt
Druck: Media-Print Informationstechnologie, 33100 Paderborn

Europa-Nr.: 10714 ISBN 3-8085-1207-5

VERLAG EUROPA-LEHRMITTEL · Nourney, Vollmer GmbH & Co.
Düsselberger Straße 23 · 42781 Haan-Gruiten

2 Umrechnung von Einheiten

In dieser Formelsammlung sind für die Größen der Formeln Einheiten angegeben. Wenn diese Größen in den angegebenen Einheiten in die Formeln eingesetzt werden, erhält man auch die gesuchte Größe in der angegebenen Einheit.

Beispiel: Rechteckfläche $A = l \cdot b$; angegebene Einheiten: für $l \rightarrow$ mm, für $b \rightarrow$ mm, für $A \rightarrow mm^2$
Für l = 20 mm und b = 30 mm ergibt sich $A = l \cdot b = 20\ mm \cdot 30\ mm = 600\ mm^2$

Liegen andere als die in den Formeln angegebenen Einheiten vor, so können sie in angegebene Einheiten umgerechnet werden. Die Umrechnung kann vor, während oder nach dem Lösungsgang erfolgen.

Beispiel: Mechanische Leistung: $P = \frac{F \cdot s}{t}$

Bei der Formel angegebene Einheiten: für $F \rightarrow$ N, für $s \rightarrow$ m, für $t \rightarrow$ s, für $P \rightarrow$ W
Vorliegende Größen und Einheiten: F = 12,5 kN, s = 8,4 dm, t = 1 min
Umrechnungen: F = 12,5 kN = 12500 N, s = 8,4 dm = 0,84 m, t = 1 min = 60 s

Lösung: $P = \frac{F \cdot s}{t} = \frac{12500\ N \cdot 0{,}84\ m}{60\ s} = 175\ \frac{N \cdot m}{s} = 175\ W = 0{,}175\ kW$

Größe Beispiel	Formelzeichen	Einheit Name	Zeichen	Umrechnung in andere Einheiten
Länge				
	l	Meter	m	1 m = 10 dm = 100 cm = 1000 mm 1 mm = 1000 µm $1\ \mu m = \frac{1}{1000}$ mm; 1 km = 1000 m
Fläche				
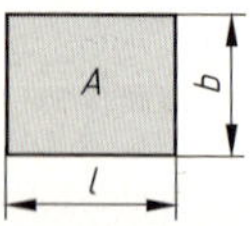	A, S	Quadratmeter	m^2	$1\ m^2 = 100\ dm^2 = 10\,000\ cm^2 = 1\,000\,000\ mm^2$ $1\ dm^2 = 100\ cm^2 = 10\,000\ mm^2$ $1\ cm^2 = 100\ mm^2$ $1\ a = 100\ m^2$ } nur für Grundstücksflächen $1\ ha = 10\,000\ m^2$ }
Volumen und Hohlmaße				
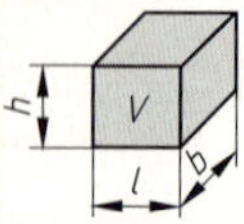	V	Kubikmeter Liter	m^3 l, L	$1\ m^3 = 1000\ dm^3 = 1\,000\,000\ cm^3$ $1\ dm^3 = 1000\ cm^3$ $1\ cm^3 = 1000\ mm^3$ $1\ l = 1\ L = 1\ dm^3 = 0{,}001\ m^3$ $1\ ml = 1\ cm^3$
Winkel (eben)				
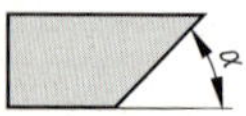	α, β, γ	Grad Minute Sekunde	° ′ ″	1° = 60′ $1' = \frac{1°}{60} = 60'' = 0{,}01\overline{6}°$ $1'' = \frac{1°}{3600} = \frac{1'}{60}$ für Drehbewegungen auch Radiant rad $1\ rad = \frac{360°}{2 \cdot \pi} \approx 57{,}296°$
Zeit				
	t	Sekunde Minute Stunde Tag	s min h d	$1\ s = \frac{1}{60}$ min $1\ min = 60\ s = \frac{1}{60}$ h 1 h = 60 min = 3600 s 1 d = 24 h
Drehzahl, Drehfrequenz				
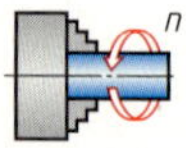	n	1 durch Sekunde 1 durch Minute	1/s 1/min	$1/s = 60/min = 60\ min^{-1}$ $1/min = 1\ min^{-1} = \frac{1}{60\ s}$

Größe: Beispiel	Größe: Formelzeichen	Einheit: Name	Einheit: Zeichen	Umrechnung in andere Einheiten
Geschwindigkeit				
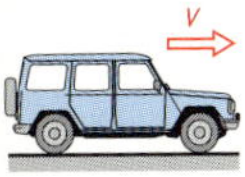	v	Meter durch Sekunde Meter durch Minute Kilometer durch Stunde	m/s m/min km/h	1 m/s = 60 m/min = 3,6 km/h $1\ \text{m/min} = \frac{1}{60}\ \frac{\text{m}}{\text{s}}$ $1\ \text{km/h} = \frac{1}{3{,}6}\ \frac{\text{m}}{\text{s}}$
Winkelgeschwindigkeit				
	ω	1 durch Sekunde	$\frac{1}{\text{s}}$	$\frac{1}{\text{s}} = 1\ \frac{\text{rad}}{\text{s}} \approx \frac{57{,}296°}{\text{s}}$
Masse				
	m	Kilogramm Gramm Tonne	kg g t	1 kg = 1000 g 1 g = 1000 mg 1 t = 1000 kg = 1 Mg
Dichte				
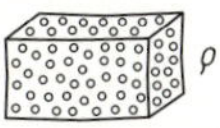	ϱ	Kilogramm durch Meter hoch drei	kg/m^3	$1\ \text{t/m}^3 = 1\ \text{kg/dm}^3 = 1\ \text{g/cm}^3 = 1\ \text{mg/mm}^3$
Kraft, Gewichtskraft				
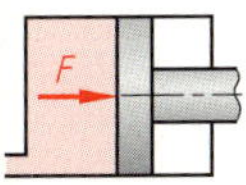	F, G, F_G	Newton	N	$1\ \text{N} = 1\ \frac{\text{kg} \cdot \text{m}}{\text{s}^2}$ 1 daN = 10 N $1\ \text{kN} = 1000\ \text{N} = 10^3\ \text{N}$ $1\ \text{MN} = 10^3\ \text{kN} = 1\,000\,000\ \text{N}$
Druck, mechanische Spannung				
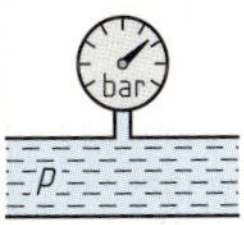	p σ, τ	Pascal Bar Newton durch Meter hoch zwei	Pa bar N/m^2	$1\ \text{Pa} = 1\ \text{N/m}^2 = 0{,}01\ \text{mbar}$ $1\ \text{bar} = 100\,000\ \text{N/m}^2 = 10^5\ \text{Pa}$ $1\ \text{bar} = 10\ \text{N/cm}^2 = 1\ \text{daN/cm}^2 = 0{,}1\ \text{N/mm}^2$ 1 mbar = 100 Pa = 1 hPa $1\ \text{N/mm}^2 = 100\ \text{N/cm}^2 = 10\,000\ \text{N/dm}^2 = 1\,000\,000\ \text{N/m}^2$
Arbeit, Energie, Wärmemenge				
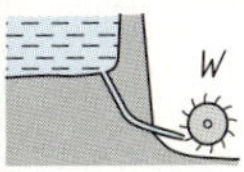	W, E, Q	Joule	J	$1\ \text{J} = 1\ \text{N} \cdot \text{m} = 1\ \text{W} \cdot \text{s} = 1\ \frac{\text{kg} \cdot \text{m}^2}{\text{s}^2}$ $1\ \text{kW} \cdot \text{h} = 3\,600\,000\ \text{W} \cdot \text{s}$ $1\ \text{kW} \cdot \text{h} = 3600\ \text{kJ} = 3{,}6 \cdot 10^6\ \text{J} = 3{,}6\ \text{MJ}$
Leistung, Wärmestrom				
	P, Φ	Watt	W	$1\ \text{W} = 1\ \text{J/s} = 1\ \frac{\text{N} \cdot \text{m}}{\text{s}} = 1\ \frac{\text{kg} \cdot \text{m}^2}{\text{s}^3}$ $1\ \text{W} = 1\ \text{V} \cdot \text{A}$ $1\ \text{kW} = 1000\ \text{W} = 1\ \text{kJ/s} = 1\ \frac{\text{kN} \cdot \text{m}}{\text{s}}$ $1\ \text{MW} = 1\,000\,000\ \text{W} = 10^6\ \text{W}$ $1\ \text{PS} = \frac{1}{1{,}36}\ \text{kW} = 0{,}736\ \text{kW}$

Winkelfunktionen im rechtwinkligen Dreieck

Bezeichnungen im rechtwinkligen Dreieck

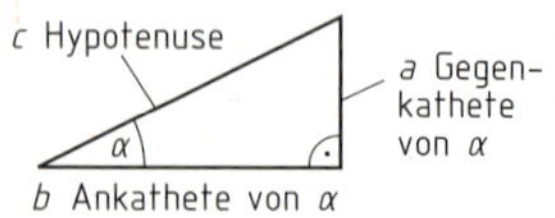

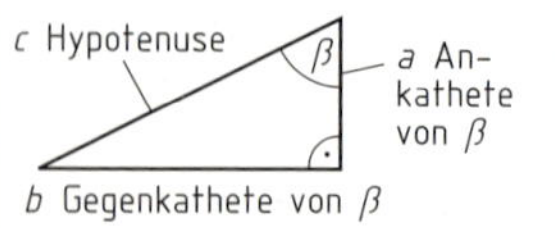

Bezeichnung der Seitenverhältnisse	Anwendung für ∢ α	Anwendung für ∢ β
Sinus $= \dfrac{\text{Gegenkathete}}{\text{Hypotenuse}}$	$\sin\alpha = \dfrac{a}{c}$	$\sin\beta = \dfrac{b}{c}$
Cosinus $= \dfrac{\text{Ankathete}}{\text{Hypotenuse}}$	$\cos\alpha = \dfrac{b}{c}$	$\cos\beta = \dfrac{a}{c}$
Tangens $= \dfrac{\text{Gegenkathete}}{\text{Ankathete}}$	$\tan\alpha = \dfrac{a}{b}$	$\tan\beta = \dfrac{b}{a}$
Cotangens $= \dfrac{\text{Ankathete}}{\text{Gegenkathete}}$	$\cot\alpha = \dfrac{b}{a}$	$\cot\beta = \dfrac{a}{b}$

Tabellen der Funktionswerte auf den Seiten 44 47

Beziehungen zwischen den Funktionen eines Winkels

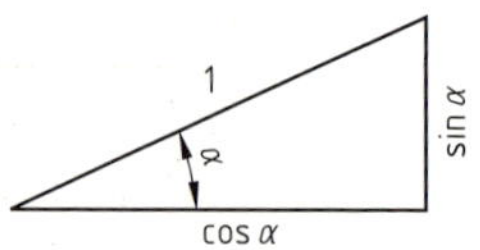

$\sin^2\alpha + \cos^2\alpha = 1$	$\tan\alpha \cdot \cot\alpha = 1$
$\tan\alpha = \dfrac{\sin\alpha}{\cos\alpha}$	$\cot\alpha = \dfrac{\cos\alpha}{\sin\alpha}$

Winkelfunktionen im schiefwinkligen Dreieck

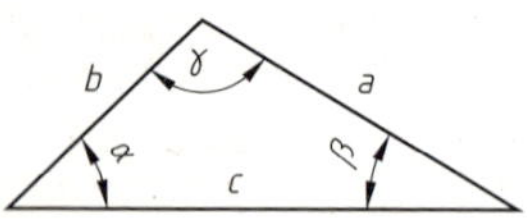

Sinussatz	Cosinussatz
$a : b : c = \sin\alpha : \sin\beta : \sin\gamma$ $\dfrac{a}{\sin\alpha} = \dfrac{b}{\sin\beta} = \dfrac{c}{\sin\gamma}$	$a^2 = b^2 + c^2 - 2 \cdot b \cdot c \cdot \cos\alpha$ $b^2 = a^2 + c^2 - 2 \cdot a \cdot c \cdot \cos\beta$ $c^2 = a^2 + b^2 - 2 \cdot a \cdot b \cdot \cos\gamma$

Steigung geneigter Strecken

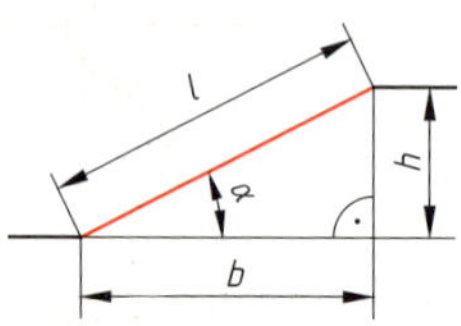

h	Höhenunterschied	mm
b	Basis	mm
l	Länge der geneigten Strecke	mm
α	Steigungswinkel	°
x	Steigung	%

Steigung

$$x = \frac{h \cdot 100\,\%}{b}$$

Steigungswinkel

$$\tan\alpha = \frac{h}{b}$$

Länge der geneigten Strecke

$$l = \sqrt{h^2 + b^2} \qquad l = \frac{h}{\sin\alpha}$$

Strahlensatz

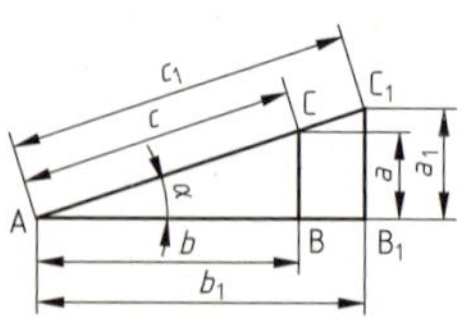

Werden zwei vom Punkt A ausgehende Strahlen von zwei Parallelen BC und B_1C_1 geschnitten, bilden die Abschnitte der Parallelen und die zugehörigen Strahlenabschnitte gleiche Verhältnisse.

Strahlensatz

$$\frac{a}{a_1} = \frac{b}{b_1} = \frac{c}{c_1}$$

$$\frac{a}{b} = \frac{a_1}{b_1} \qquad \frac{b}{c} = \frac{b_1}{c_1}$$

Lehrsatz des Pythagoras

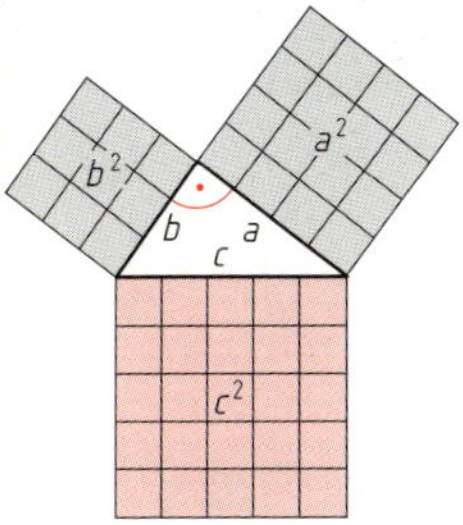

Im **rechtwinkligen Dreieck** ist das Hypotenusenquadrat flächengleich der Summe der beiden Kathetenquadrate.

a	Kathete	mm
b	Kathete	mm
c	Hypotenuse	mm

Satz des Pythagoras

$$c^2 = a^2 + b^2$$

Hypotenuse

$$c = \sqrt{a^2 + b^2}$$

$$a = \sqrt{c^2 - b^2}$$

$$b = \sqrt{c^2 - a^2}$$

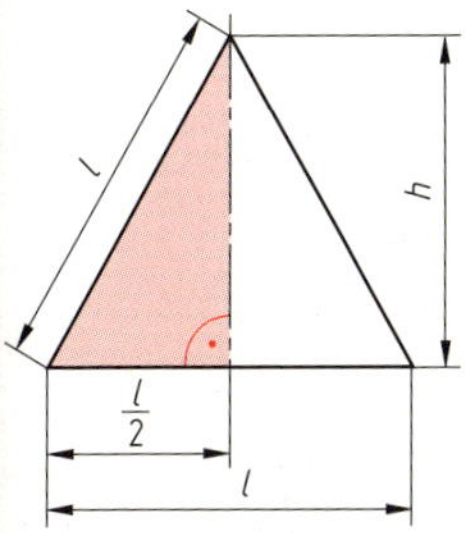

Im **gleichseitigen Dreieck** ergibt sich für die Höhe nach dem Lehrsatz des Pythagoras:

h	Höhe	mm
A	Fläche	mm^2
l	Seitenlänge	mm

Höhe

$$h = \frac{1}{2} \cdot \sqrt{3} \cdot l$$

Fläche

$$A = \frac{1}{4} \cdot \sqrt{3} \cdot l^2$$

$$l = \sqrt{\frac{4 \cdot A}{\sqrt{3}}}$$

Lehrsatz des Euklid (Kathetensatz)

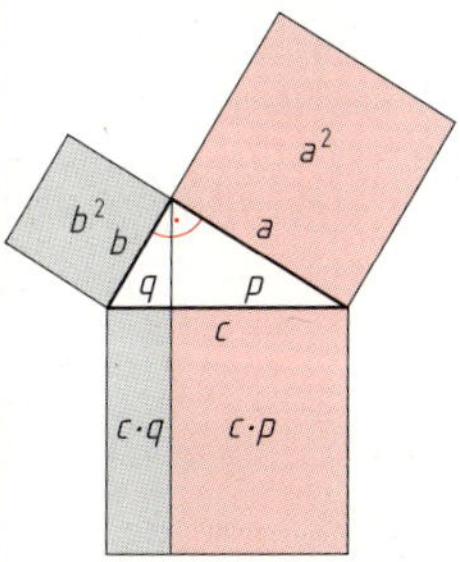

Im **rechtwinkligen Dreieck** ist das Quadrat über einer Kathete flächengleich einem Rechteck aus der Hypotenuse und dem anliegenden Hypotenusenabschnitt.

a, b	Katheten	mm
c	Hypotenuse	mm
p, q	Hypotenusenabschnitte	mm

Kathetenquadrat

$$b^2 = c \cdot q$$

$$a^2 = c \cdot p$$

$$b = \sqrt{c \cdot q}$$

$$a = \sqrt{c \cdot p}$$

$$p = \frac{a^2}{c}$$

Höhensatz

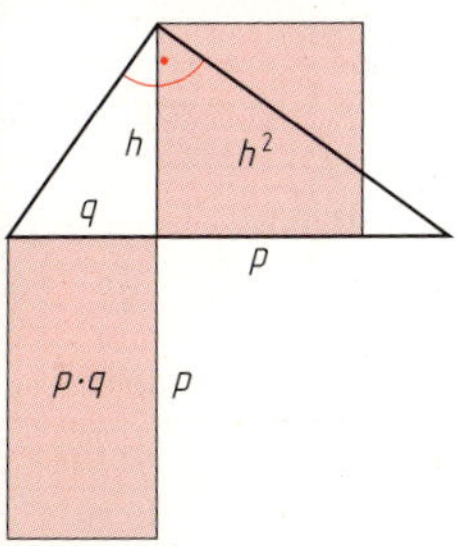

Im **rechtwinkligen Dreieck** ist das Quadrat über der Höhe h flächengleich dem Rechteck aus den Hypotenusenabschnitten p und q.

h	Höhe	mm
p, q	Hypotenusenabschnitte	mm

Höhenquadrat

$$h^2 = p \cdot q$$

$$h = \sqrt{p \cdot q}$$

$$p = \frac{h^2}{q}$$

$$q = \frac{h^2}{p}$$

Schlussrechnung

Dreisatz für direkt proportionale Verhältnisse

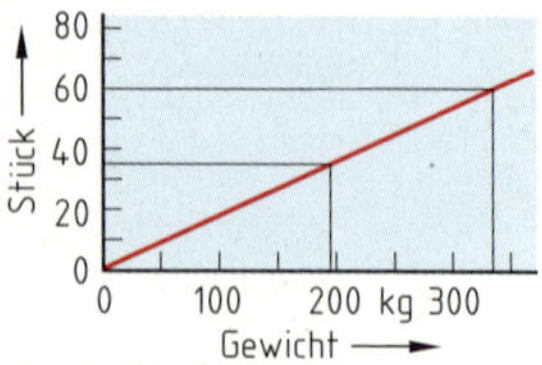

Beispiel: 60 Rohrkrümmer wiegen 330 kg. Wie groß ist das Gewicht von 35 Rohrkrümmern?

1. Satz: Behauptung

60 Rohrkrümmer wiegen 330 kg

2. Satz: Berechnung der Einheit durch Dividieren

1 Rohrkrümmer wiegt $\frac{330\ \text{kg}}{60}$

3. Satz: Berechnung der Mehrheit durch Multiplizieren

35 Rohrkrümmer wiegen $\frac{330\ \text{kg} \cdot 35}{60} = \mathbf{192{,}5\ kg}$

Dreisatz für indirekt proportionale Verhältnisse

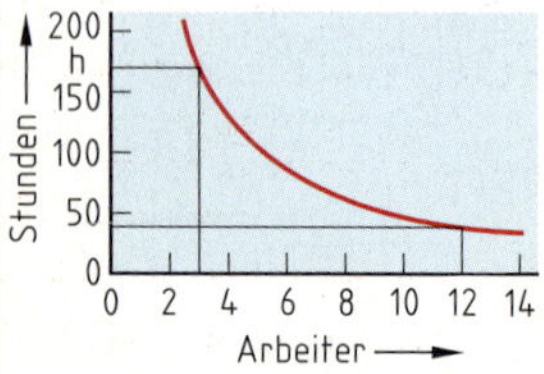

Beispiel: 3 Arbeiter benötigen für einen Auftrag 170 h. Wie viel Stunden benötigen 12 Arbeiter für den gleichen Auftrag?

1. Satz: Behauptung

3 Arbeiter benötigen 170 h

2. Satz: Berechnung der Einheit durch Multiplizieren

1 Arbeiter benötigt 3 · 170 h

3. Satz: Berechnung der Mehrheit durch Dividieren

12 Arbeiter benötigen $\frac{3 \cdot 170\ \text{h}}{12} = \mathbf{42{,}5\ h}$

Prozentrechnung

Der **Prozentsatz** gibt an, wie viel Prozent gerechnet werden sollen.
Der **Grundwert** ist der Wert, von dem die Prozente zu rechnen sind.
Der **Prozentwert** ist der Betrag, den die Prozente des Grundwertes ergeben.

P_s	Prozentsatz, Prozent	%
P_w	Prozentwert	–
G_w	Grundwert	–

Prozentwert

$$P_w = \frac{G_w \cdot P_s}{100\ \%}$$

Zinsrechnung

K_0	Anfangskapital	EUR (DM)
K_t	Endkapital	EUR (DM)
Z	Zinsen	EUR (DM)
p	Zinssatz pro Jahr	%/a
t	Laufzeit in Tagen, Verzinsungszeit	d

1 Zinsjahr (1 a) = 360 Tage (360 d)
360 d = 12 Monate
1 Zinsmonat = 30 Tage

Zins

$$Z = \frac{K_0 \cdot p \cdot t}{100\ \% \cdot 360}$$

Zinseszinsrechnung bei Einmalzahlung

K_0	Anfangskapital	EUR (DM)
K_n	Endkapital	EUR (DM)
Z	Zinsen	EUR (DM)

n	Laufzeit in Jahren	a
q	Aufzinsungsfaktor	–
p	Zinssatz pro Jahr	%

Endkapital

$$K_n = K_0 \cdot q^n$$

Aufzinsungsfaktor

$$q = 1 + \frac{p}{100\ \%}$$

Gestreckte Längen

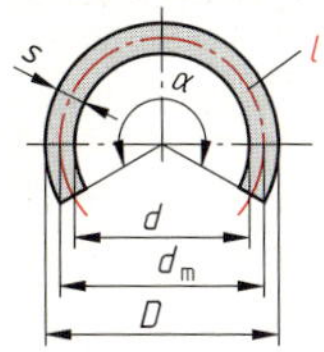

Kreisringausschnitt

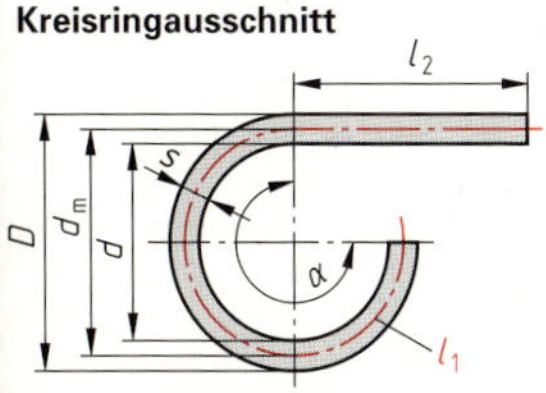

Zusammengesetzte Länge

D	Außendurchmesser	mm
d	Innendurchmesser	mm
d_m	mittlerer Durchmesser	mm
s	Dicke	mm
l	gestreckte Länge	mm
l_1, l_2	Teillängen	mm
L	zusammengesetzte Länge	mm

Gestreckte Länge beim Kreisring

$$l = \pi \cdot d_m$$

Mittlerer Durchmesser

$$d_m = D - s$$

$$d_m = \frac{D + d}{2}$$

Zusammengesetzte Länge

$$L = l_1 + l_2 + \ldots$$

Gestreckte Länge beim Kreisring-ausschnitt

$$l = \frac{\pi \cdot d_m \cdot \alpha}{360°}$$

$$d_m = \frac{l \cdot 360°}{\pi \cdot \alpha}$$

Rohlänge von Schmiede- und Pressstücken

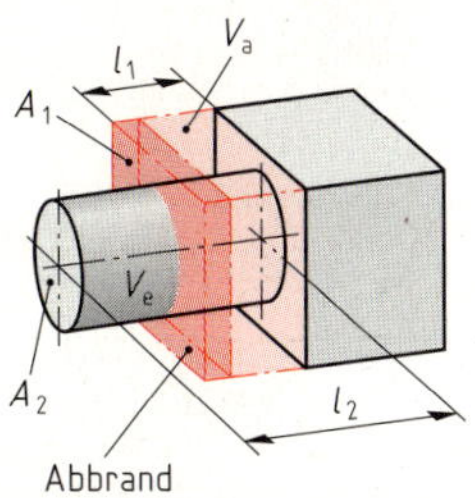

V_a	Volumen des Rohteiles	mm^3
V_e	Volumen des Fertigteiles	mm^3
A_1	Querschnittsfläche des Rohteiles	mm^2
A_2	Querschnittsfläche des Fertigteiles	mm^2
l_1	Ausgangslänge der Zugabe	mm
l_2	Länge des angeschmiedeten Teiles	mm
q	Zuschlagsfaktor für Abbrand oder Gratverluste	–

Volumen ohne Abbrand

$$V_a = V_e$$

Volumen mit Abbrand

$$V_a = V_e + q \cdot V_e$$

$$V_a = V_e \cdot (1 + q)$$

$$A_1 \cdot l_1 = A_2 \cdot l_2 \cdot (1 + q)$$

Teilung von Längen

Randabstand ≠ Teilung

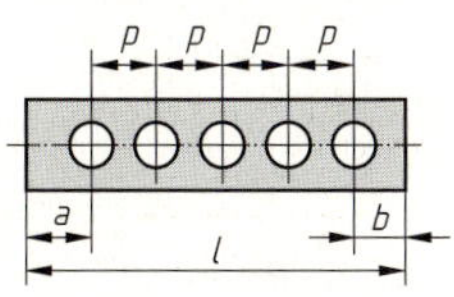

l	Gesamtlänge	mm
p	Teilung	mm
n	Anzahl der Bohrungen, Sägeschnitte...	–
a, b	Randabstand	mm

Teilung

$$p = \frac{l - (a + b)}{n - 1}$$

$$l = p \cdot (n - 1) + a + b$$

$$n = \frac{l - (a + b)}{p} + 1$$

Randabstand = Teilung

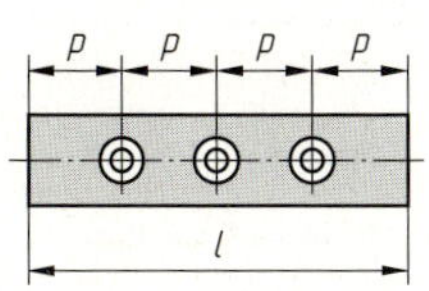

l	Gesamtlänge	mm
p	Teilung	mm
n	Anzahl der Bohrungen, Sägeschnitte...	–
z	Anzahl der Teile	–

Teilung

$$p = \frac{l}{n + 1}$$

$$l = p \cdot (n + 1)$$

Anzahl der Teile

$$z = n + 1$$

$$n = z - 1$$

Flächen

Quadrat

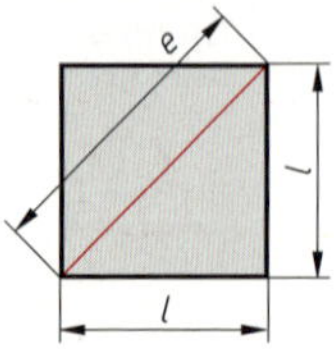

A	Fläche	mm^2
l	Seitenlänge	mm
e	Eckenmaß	mm

Fläche

$$A = l^2$$

$$l = \sqrt{A}$$

Eckenmaß

$$e = \sqrt{2} \cdot l$$

Rhombus (Raute)

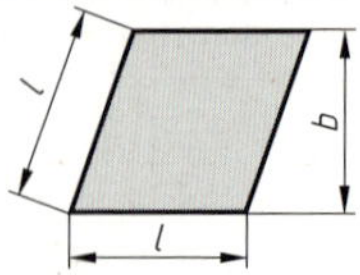

A	Fläche	mm^2
l	Seitenlänge	mm
b	Breite	mm

Fläche

$$A = l \cdot b$$

$$l = \frac{A}{b}$$

Rechteck

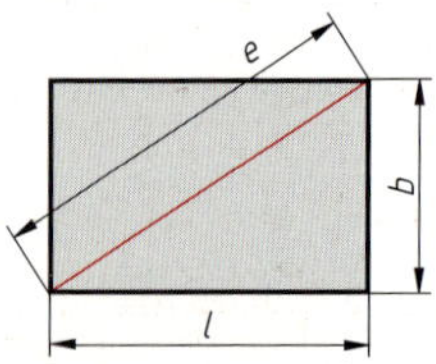

A	Fläche	mm^2
l	Länge	mm
b	Breite	mm
e	Eckenmaß	mm

Fläche

$$A = l \cdot b$$

$$l = \frac{A}{b}$$

Eckenmaß

$$e = \sqrt{l^2 + b^2}$$

Rhomboid (Parallelogramm)

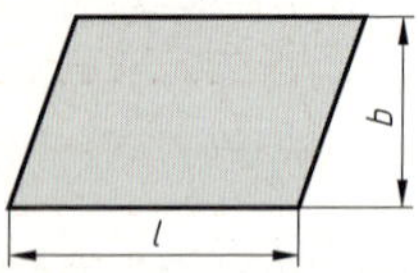

A	Fläche	mm^2
l	Länge	mm
b	Breite	mm

Fläche

$$A = l \cdot b$$

$$l = \frac{A}{b}$$

Trapez

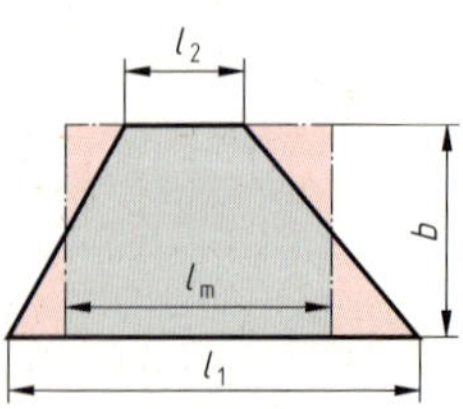

A	Fläche	mm^2
l_1	große Länge	mm
l_2	kleine Länge	mm
l_m	mittlere Länge	mm
b	Breite	mm

Fläche

$$A = \frac{l_1 + l_2}{2} \cdot b$$

$$A = l_m \cdot b$$

Mittlere Länge

$$l_m = \frac{l_1 + l_2}{2}$$

Dreieck

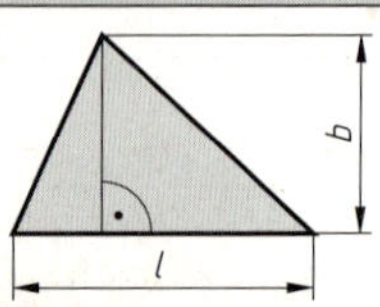

A	Fläche	mm^2
l	Seitenlänge	mm
b	Breite	mm

Fläche

$$A = \frac{l \cdot b}{2}$$

$$l = \frac{2 \cdot A}{b} \qquad b = \frac{2 \cdot A}{l}$$

Gleichseitiges Dreieck

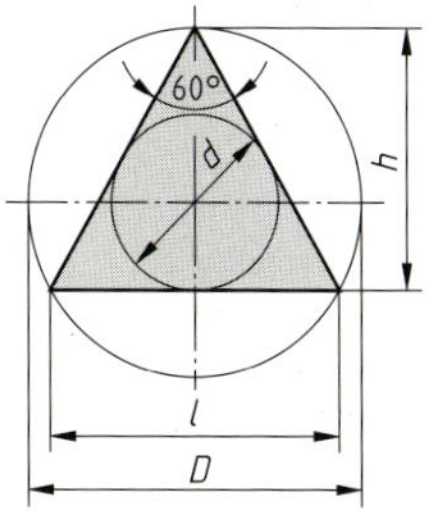

A	Fläche	mm^2
l	Seitenlänge	mm
d	Durchmesser des Inkreises	mm
h	Höhe	mm
D	Durchmesser des Umkreises	mm

Durchmesser des Umkreises

$$D = \frac{2}{3} \cdot \sqrt{3} \cdot l = 2 \cdot d$$

$$l = \frac{3 \cdot D}{2 \cdot \sqrt{3}}$$

Fläche

$$A = \frac{1}{4} \cdot \sqrt{3} \cdot l^2$$

$$l = \sqrt{\frac{4 \cdot A}{\sqrt{3}}}$$

Durchmesser des Inkreises

$$d = \frac{1}{3} \cdot \sqrt{3} \cdot l = \frac{D}{2}$$

$$l = \frac{3 \cdot d}{\sqrt{3}}$$

Höhe

$$h = \frac{1}{2} \cdot \sqrt{3} \cdot l$$

$$l = \frac{2 \cdot h}{\sqrt{3}}$$

Regelmäßiges Vieleck

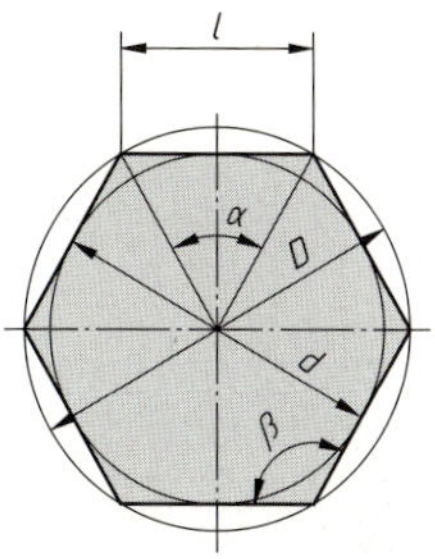

A	Fläche	mm^2
l	Seitenlänge	mm
D	Durchmesser des Umkreises	mm
d	Durchmesser des Inkreises	mm
n	Eckenzahl	–
α	Mittelpunkts-winkel	°
β	Eckenwinkel	°

Mittelpunktswinkel

$$\alpha = \frac{360°}{n}$$

Vielecksfläche

$$A = \frac{n \cdot l \cdot d}{4}$$

Eckenwinkel

$$\beta = 180° - \alpha$$

Seitenlänge

$$l = D \cdot \sin\left(\frac{180°}{n}\right)$$

Durchmesser des Inkreises

$$d = \sqrt{D^2 - l^2}$$

Kreis

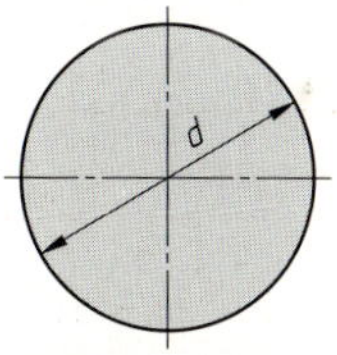

A	Fläche	mm^2
d	Durchmesser	mm
U	Umfang	mm

Umfang

$$U = \pi \cdot d$$

$$d = \frac{U}{\pi}$$

Fläche

$$A = \frac{\pi \cdot d^2}{4}$$

$$d = \sqrt{\frac{4 \cdot A}{\pi}}$$

Kreisausschnitt

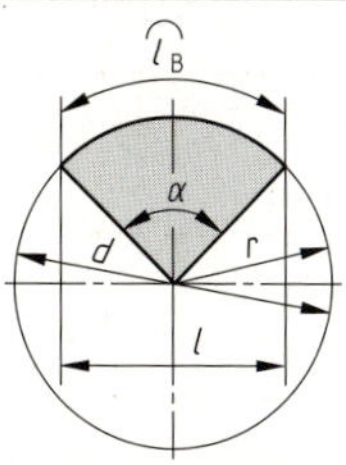

A	Fläche	mm^2
d	Durchmesser	mm
l_B	Bogenlänge	mm
l	Sehnenlänge	mm
r	Radius	mm
α	Mittelpunkts-winkel	°

Sehnenlänge

$$l = 2 \cdot r \cdot \sin \frac{\alpha}{2}$$

Fläche

$$A = \frac{\pi \cdot d^2}{4} \cdot \frac{\alpha}{360°}$$

Bogenlänge

$$l_B = \frac{\pi \cdot r \cdot \alpha}{180°}$$

Fläche

$$A = \frac{l_B \cdot r}{2}$$

Kreisabschnitt

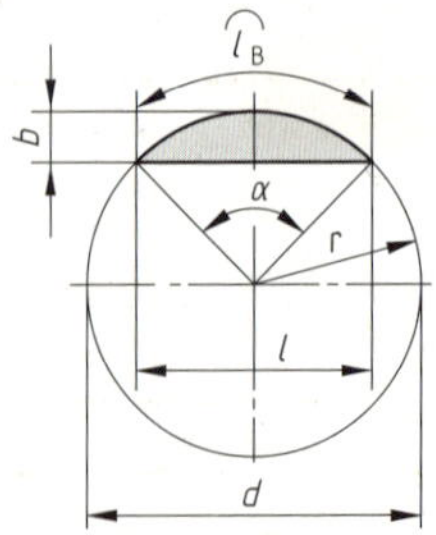

A	Fläche	mm²
d	Durchmesser	mm
l_B	Bogenlänge	mm
l	Sehnenlänge	mm
b	Breite	mm
r	Radius	mm
α	Mittelpunktswinkel	°

Fläche

$$A = \frac{\pi \cdot d^2}{4} \cdot \frac{\alpha}{360°} - \frac{l \cdot (r-b)}{2}$$

$$A = \frac{l_B \cdot r - l \cdot (r-b)}{2}$$

Bogenlänge

$$l_B = \frac{\pi \cdot r \cdot \alpha}{180°}$$

Radius

$$r = \frac{b}{2} + \frac{l^2}{8 \cdot b}$$

Breite

$$b = \frac{l}{2} \cdot \tan \frac{\alpha}{4}$$

$$b = r - \sqrt{r^2 - \frac{l^2}{4}}$$

Sehnenlänge

$$l = 2 \cdot r \cdot \sin \frac{\alpha}{2}$$

$$l = 2 \cdot \sqrt{b \cdot (2 \cdot r - b)}$$

Kreisring

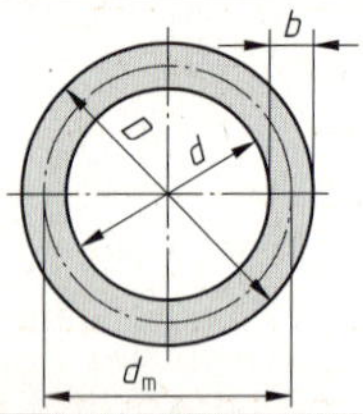

A	Fläche	mm²
D	Außendurchmesser	mm
d	Innendurchmesser	mm
d_m	mittlerer Durchmesser	mm
b	Breite	mm

Fläche

$$A = \pi \cdot d_m \cdot b$$

$$A = \frac{\pi}{4} \cdot (D^2 - d^2)$$

$$D = \sqrt{\frac{4 \cdot A}{\pi} + d^2}$$

Kreisringausschnitt

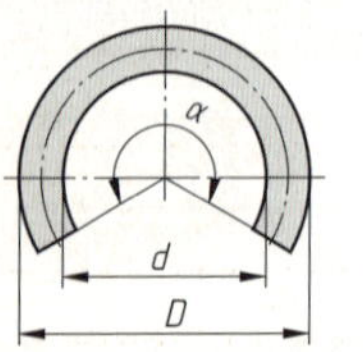

A	Fläche	mm²
D	Außendurchmesser	mm
d	Innendurchmesser	mm
α	Mittelpunktswinkel	°

Fläche

$$A = \frac{\pi \cdot \alpha}{4 \cdot 360°} \cdot (D^2 - d^2)$$

$$D = \sqrt{\frac{4 \cdot 360° \cdot A}{\pi \cdot \alpha} + d^2}$$

Ellipse

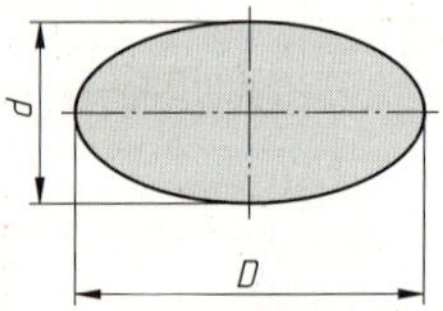

A	Fläche	mm²
D	große Achse	mm
d	kleine Achse	mm
U	Umfang	mm

Umfang

$$U \approx \frac{\pi}{2} \cdot (D + d)$$

$$d \approx \frac{2 \cdot U}{\pi} - D$$

Fläche

$$A = \frac{\pi \cdot D \cdot d}{4}$$

$$D = \frac{4 \cdot A}{\pi \cdot d}$$

Zusammengesetzte Flächen

Beispiel: 3 Teilflächen

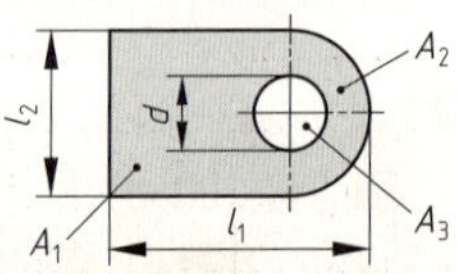

Die Gesamtfläche erhält man durch Addieren bzw. Subtrahieren der Teilflächen.

A	Gesamtfläche	mm²
A_1, A_2, A_3	Teilflächen	mm²
l_1, l_2	Längen	mm

Gesamtfläche

$$A = A_1 + A_2 - A_3$$

Würfel

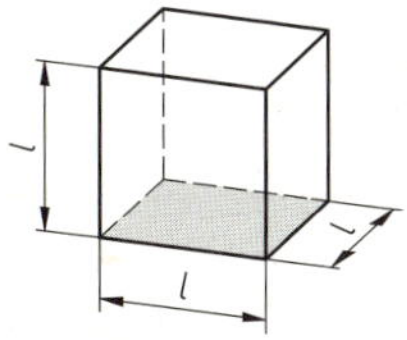

V	Volumen	mm^3
A_O	Oberfläche	mm^2
l	Seitenlänge	mm

Volumen

$$V = l^3$$

$$l = \sqrt[3]{V}$$

Oberfläche

$$A_O = 6 \cdot l^2$$

$$l = \sqrt{\frac{A_O}{6}}$$

Vierkantprisma, Quader

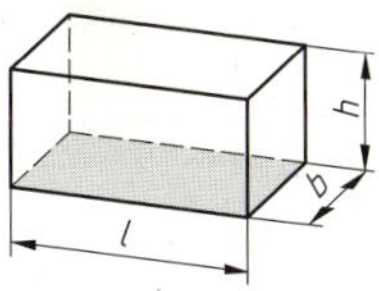

V	Volumen	mm^3
A_O	Oberfläche	mm^2
l	Seitenlänge	mm
h	Höhe	mm
b	Breite	mm

Volumen

$$V = l \cdot b \cdot h$$

Oberfläche

$$A_O = 2 \cdot (l \cdot b + l \cdot h + b \cdot h)$$

Zylinder

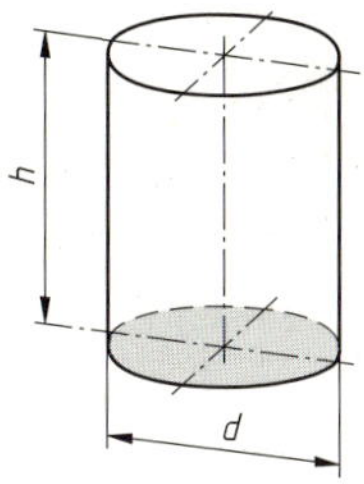

V	Volumen	mm^3
A_O	Oberfläche	mm^2
A_M	Mantelfläche	mm^2
d	Durchmesser	mm
h	Höhe	mm

Volumen

$$V = \frac{\pi \cdot d^2}{4} \cdot h$$

Oberfläche

$$A_O = \pi \cdot d \cdot h + 2 \cdot \frac{\pi \cdot d^2}{4}$$

Mantelfläche

$$A_M = \pi \cdot d \cdot h$$

Hohlzylinder

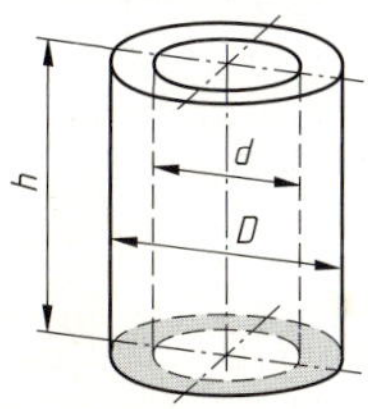

V	Volumen	mm^3
A_O	Oberfläche	mm^2
D, d	Durchmesser	mm
h	Höhe	mm

Volumen

$$V = \frac{\pi \cdot h}{4} \cdot (D^2 - d^2)$$

Oberfläche

$$A_O = \pi \cdot (D + d) \cdot \left[\frac{1}{2} \cdot (D - d) + h\right]$$

Pyramide

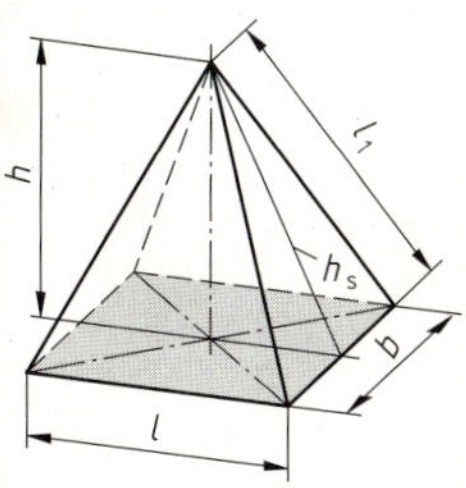

V	Volumen	mm^3
h	Höhe	mm
h_s	Mantelhöhe	mm
l	Seitenlänge	mm
l_1	Kantenlänge	mm
b	Breite	mm

Volumen

$$V = \frac{l \cdot b \cdot h}{3}$$

Kantenlänge

$$l_1 = \sqrt{h_s^2 + \frac{b^2}{4}}$$

Mantelhöhe

$$h_s = \sqrt{h^2 + \frac{l^2}{4}}$$

Kegel

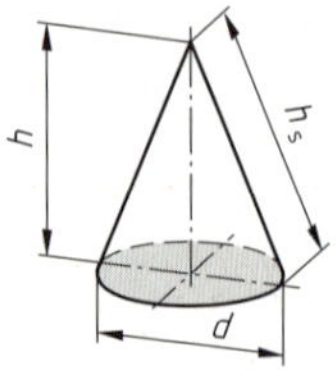

V	Volumen	mm^3
A_M	Mantelfläche	mm^2
d	Durchmesser	mm
h	Höhe	mm
h_s	Mantelhöhe	mm

Volumen

$$V = \frac{\pi \cdot d^2}{4} \cdot \frac{h}{3}$$

Mantelfläche

$$A_M = \frac{\pi \cdot d \cdot h_s}{2}$$

Mantelhöhe

$$h_s = \sqrt{\frac{d^2}{4} + h^2}$$

Pyramidenstumpf

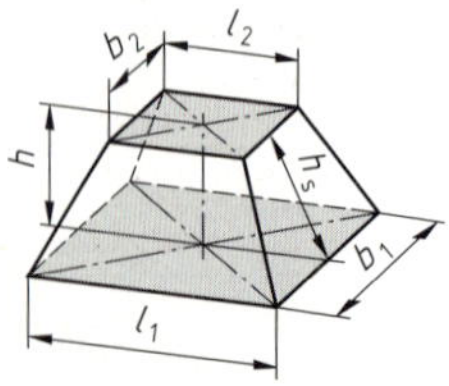

V	Volumen	mm^3
A_1	Grundfläche	mm^2
A_2	Deckfläche	mm^2
h	Höhe	mm
h_s	Mantelhöhe	mm
l_1, l_2	Seitenlänge	mm
b_1, b_2	Breite	mm

Volumen

$$V = \frac{h}{3} \cdot \left(A_1 + A_2 + \sqrt{A_1 \cdot A_2}\right)$$

Mantelhöhe

$$h_s = \sqrt{h^2 + \left(\frac{l_1 - l_2}{2}\right)^2}$$

Kegelstumpf

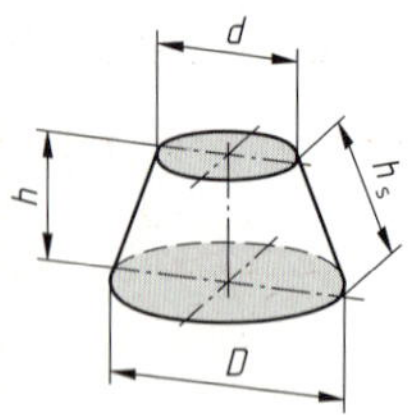

V	Volumen	mm^3
A_M	Mantelfläche	mm^2
D	großer Durchmesser	mm
d	kleiner Durchmesser	mm
h	Höhe	mm
h_s	Mantelhöhe	mm

Volumen

$$V = \frac{\pi \cdot h}{12} \cdot (D^2 + d^2 + D \cdot d)$$

Mantelfläche

$$A_M = \frac{\pi \cdot h_s}{2} \cdot (D + d)$$

Mantelhöhe

$$h_s = \sqrt{h^2 + \left(\frac{D - d}{2}\right)^2}$$

Kugel

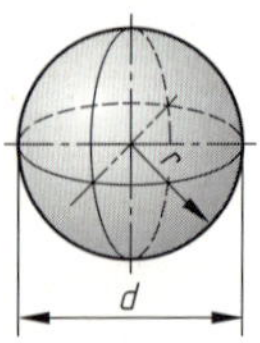

V	Volumen	mm^3
A_O	Oberfläche	mm^2
d	Kugeldurchmesser	mm

Volumen

$$V = \frac{\pi \cdot d^3}{6}$$

Oberfläche

$$A_O = \pi \cdot d^2$$

Kugelabschnitt

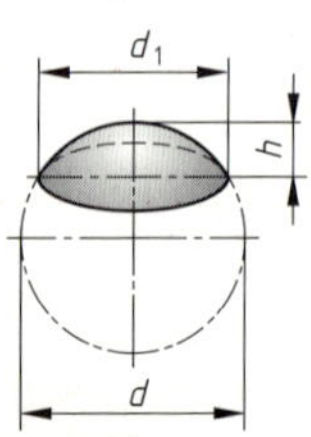

V	Volumen	mm^3
A_M	Mantelfläche	mm^2
A_O	Oberfläche	mm^2
d	Kugeldurchmesser	mm
d_1	kleiner Durchmesser	mm
h	Höhe	mm

Volumen

$$V = \pi \cdot h^2 \cdot \left(\frac{d}{2} - \frac{h}{3}\right)$$

Oberfläche

$$A_O = \pi \cdot h \cdot (2 \cdot d - h)$$

Mantelfläche

$$A_M = \pi \cdot d \cdot h$$

Kugelausschnitt

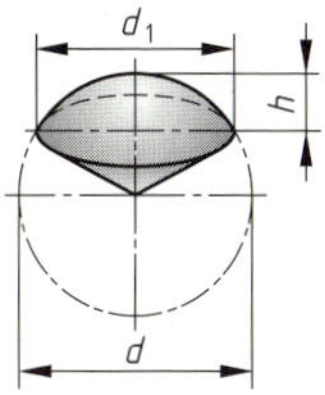

V	Volumen	mm^3
A_M	Mantelfläche	mm^2
A_O	Oberfläche	mm^2
d	Kugeldurchmesser	mm
d_1	kleiner Durchmesser	mm
h	Höhe	mm

Volumen

$$V = \frac{\pi \cdot d^2 \cdot h}{6}$$

Oberfläche

$$A_O = \frac{\pi \cdot d}{4} \cdot (4 \cdot h + d_1)$$

Volumen zusammengesetzter Körper

Das Gesamtvolumen erhält man durch Addieren bzw. Subtrahieren der Teilvolumen.

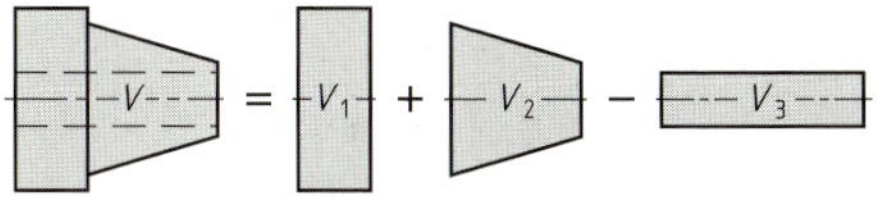

V	Gesamtvolumen	mm^3
V_1, V_2, V_3 ...	Teilvolumen	mm^3

Gesamtvolumen

$$V = V_1 + V_2 - V_3$$

Berechnung der Masse

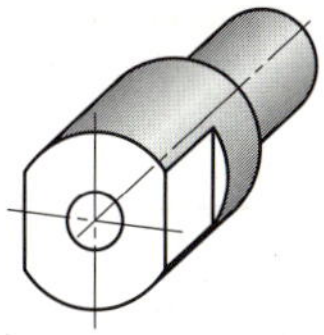

m	Masse	kg
V	Volumen	dm^3
ϱ	Dichte	kg/dm^3

$$1\,\frac{t}{m^3} = \mathbf{1\,\frac{kg}{dm^3}} = 1\,\frac{g}{cm^3} = 1\,\frac{mg}{mm^3}$$

Masse

$$m = V \cdot \varrho$$

$$V = \frac{m}{\varrho}$$

Längenbezogene Masse

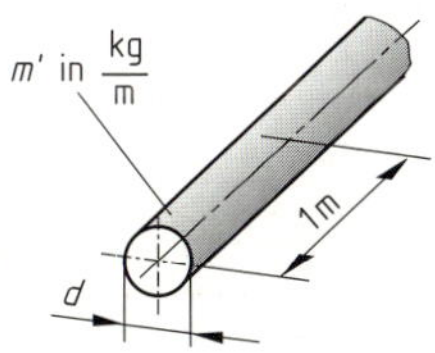

m	Masse	kg
m'	längenbezogene Masse	kg/m
l	Länge	m

Masse

$$m = m' \cdot l$$

$$m' = \frac{m}{l}$$

Flächenbezogene Masse

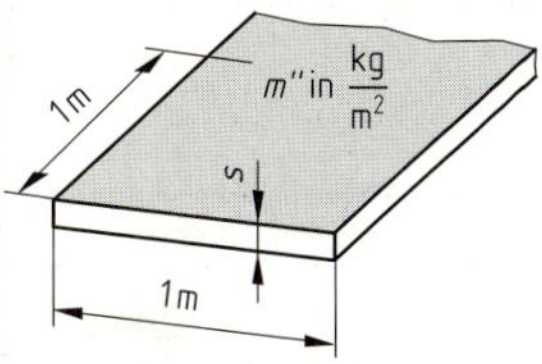

m	Masse	kg
m''	flächenbezogene Masse	kg/m^2
A	Fläche	m^2

Masse

$$m = m'' \cdot A$$

$$m'' = \frac{m}{A}$$

Linienschwerpunkt

Strecke

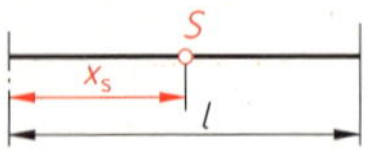

x_s	Schwerpunktabstand	mm
l	Länge	mm
S	Schwerpunkt der Strecke	–

Schwerpunktabstand in X-Richtung

$$x_s = \frac{l}{2}$$

Kreisbogen

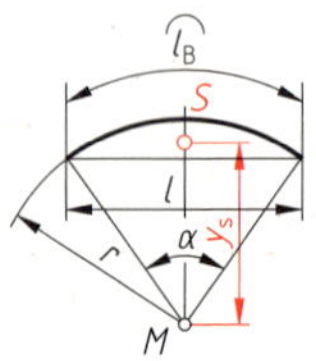

y_s	Schwerpunktabstand	mm
l	Sehnenlänge	mm
l_B	Bogenlänge	mm
r	Radius	mm

Schwerpunktabstand in Y-Richtung

$$y_s = \frac{r \cdot l}{l_B}$$

$$y_s = \frac{l \cdot 180°}{\pi \cdot \alpha}$$

Sehnenlänge

$$l = 2 \cdot r \cdot \sin\frac{\alpha}{2}$$

Bogenlänge

$$l_B = \frac{\pi \cdot r \cdot \alpha}{180°}$$

Halbkreisbogen

$$y_s = \frac{2 \cdot r}{\pi}$$

$$y_s = 0{,}6366 \cdot r$$

Viertelkreisbogen

$$y_s = \frac{\sqrt{2} \cdot 2 \cdot r}{\pi}$$

$$y_s = 0{,}9003 \cdot r$$

Sechstelkreisbogen

$$y_s = \frac{3 \cdot r}{\pi}$$

$$y_s = 0{,}9549 \cdot r$$

Zusammengesetzter Linienzug

Beispiel: 2 Linien

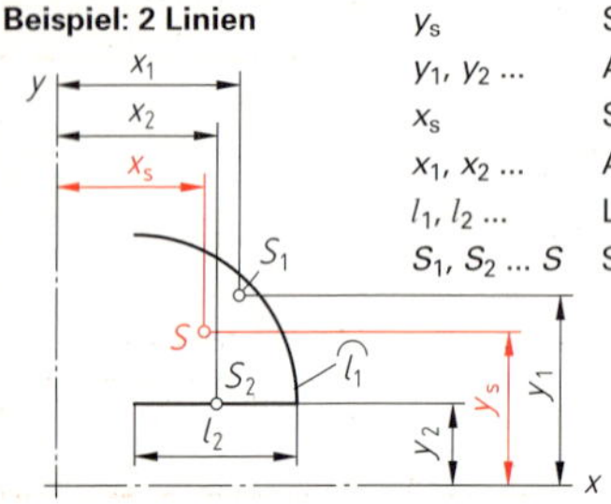

y_s	Schwerpunktabstand	mm
y_1, y_2 ...	Abstände in Y-Richtung	mm
x_s	Schwerpunktabstand	mm
x_1, x_2 ...	Abstände in X-Richtung	mm
l_1, l_2 ...	Längen	mm
S_1, S_2 ... S	Schwerpunkte der Linien	–

Schwerpunktabstand in Y-Richtung

$$y_s = \frac{l_1 \cdot y_1 + l_2 \cdot y_2}{l_1 + l_2}$$

Schwerpunktabstand in X-Richtung

$$x_s = \frac{l_1 \cdot x_1 + l_2 \cdot x_2}{l_1 + l_2}$$

Flächenschwerpunkt

Rechteck, Quadrat

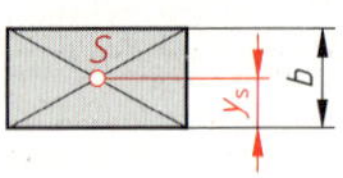

y_s	Schwerpunktabstand	mm
b	Breite, Höhe	mm
S	Schwerpunkt der Strecke	–

Schwerpunktabstand in Y-Richtung

$$y_s = \frac{b}{2}$$

Dreieck

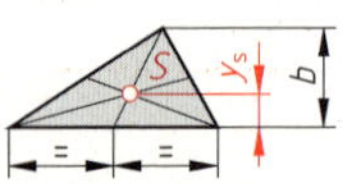

y_s	Schwerpunktabstand	mm
b	Breite, Höhe	mm

Schwerpunktabstand in Y-Richtung

$$y_s = \frac{b}{3}$$

Flächenschwerpunkt

Trapez

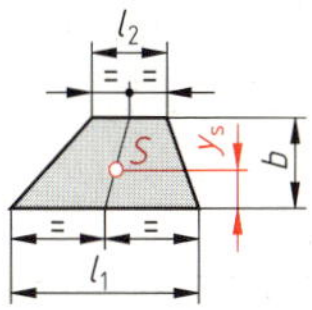

y_s	Schwerpunktabstand	mm
b	Breite, Höhe	mm
l_1	große Länge	mm
l_2	kleine Länge	mm

Schwerpunktabstand in Y-Richtung

$$y_s = \frac{b}{3} \cdot \frac{l_1 + 2 \cdot l_2}{l_1 + l_2}$$

Kreisabschnitt

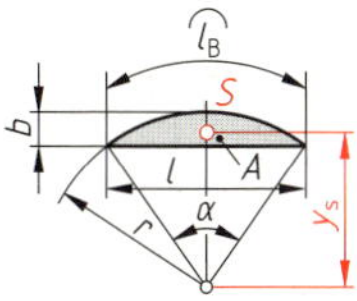

y_s	Schwerpunktabstand	mm
l	Sehnenlänge	mm
l_B	Bogenlänge	mm
r	Radius	mm
A	Fläche	mm^2

Schwerpunktabstand in Y-Richtung

$$y_s = \frac{l^3}{12 \cdot A}$$

Sehnenlänge

$$l = 2 \cdot r \cdot \sin \frac{\alpha}{2}$$

Bogenlänge

$$l_B = \frac{\pi \cdot r \cdot \alpha}{180°}$$

Fläche

$$A = \frac{l_B \cdot r - l \cdot (r - b)}{2}$$

Kreisausschnitt

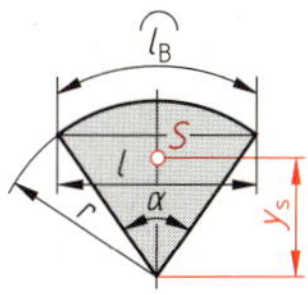

y_s	Schwerpunktabstand	mm
l	Sehnenlänge	mm
l_B	Bogenlänge	mm
r	Radius	mm

Schwerpunktabstand in Y-Richtung

$$y_s = \frac{2 \cdot r \cdot l}{3 \cdot l_B}$$

Sehnenlänge

$$l = 2 \cdot r \cdot \sin \frac{\alpha}{2}$$

Bogenlänge

$$l_B = \frac{\pi \cdot r \cdot \alpha}{180°}$$

Halbkreisfläche

$$y_s = \frac{4 \cdot r}{3 \cdot \pi}$$

$$y_s = 0{,}4244 \cdot r$$

Viertelkreisfläche

$$y_s = \frac{\sqrt{2} \cdot 4 \cdot r}{3 \cdot \pi}$$

$$y_s = 0{,}6002 \cdot r$$

Sechstelkreisfläche

$$y_s = \frac{2 \cdot r}{\pi}$$

$$y_s = 0{,}6366 \cdot r$$

Zusammengesetzte Fläche

Beispiel: 2 Flächen

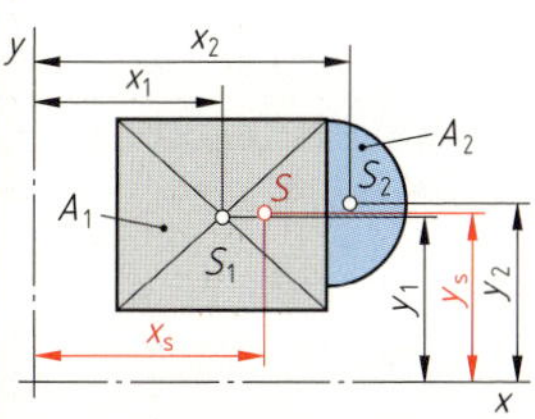

y_s	Schwerpunktabstand	mm
y_1, y_2 ...	Abstände in Y-Richtung	mm
x_s	Schwerpunktabstand	mm
x_1, x_2 ...	Abstände in X-Richtung	mm
l_1, l_2 ...	Längen	mm
S_1, S_2 ... S	Schwerpunkte der Flächen	–

Schwerpunktabstand in Y-Richtung

$$y_s = \frac{A_1 \cdot y_1 + A_2 \cdot y_2}{A_1 + A_2}$$

Schwerpunktabstand in X-Richtung

$$x_s = \frac{A_1 \cdot x_1 + A_2 \cdot x_2}{A_1 + A_2}$$

Darstellen von Kräften

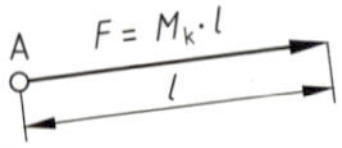

F	Kraft	N
l	Pfeillänge	mm
M_k	Kräftemaßstab	N/mm

Die Einheit der Kraft ist 1 Newton (1 N).

$$1\ \text{N} = 1\ \text{kg} \cdot 1\ \frac{\text{m}}{\text{s}^2} = 1\ \frac{\text{kg} \cdot \text{m}}{\text{s}^2}$$

Pfeillänge

$$l = \frac{F}{M_k}$$

$$M_k = \frac{F}{l} \qquad F = M_k \cdot l$$

Addieren von Kräften auf gleicher Wirkungslinie

F_1, F_2	Teilkräfte	N
F_r	Resultierende	N

Summe

$$F_r = F_1 + F_2$$

Subtrahieren von Kräften auf gleicher Wirkungslinie

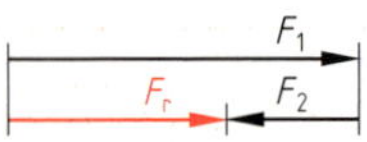

F_1, F_2	Teilkräfte	N
F_r	Resultierende	N

Differenz

$$F_r = F_1 - F_2$$

Zusammensetzen von Kräften auf verschiedenen Wirkungslinien

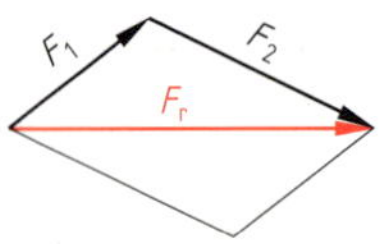

F_1, F_2	Teilkräfte	N
F_r	Resultierende	N
l	Pfeillänge	mm
M_k	Kräftemaßstab	N/mm

Die Resultierende entspricht der Diagonalen im Kräfteparallelogramm.

Resultierende

$$F_r = M_k \cdot l$$

Zerlegen in Kräfte auf verschiedenen Wirkungslinien

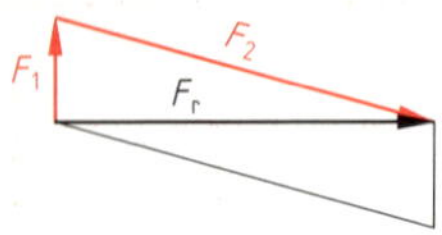

F_1, F_2	Teilkräfte	N
F_r	Resultierende	N
l	Pfeillänge	mm
M_k	Kräftemaßstab	N/mm

Die Teilkräfte entsprechen den Seiten des Kräfteparallelogramms.

Teilkräfte

$$F_{1,2} = M_k \cdot l$$

Kräfte bei Beschleunigung und Verzögerung

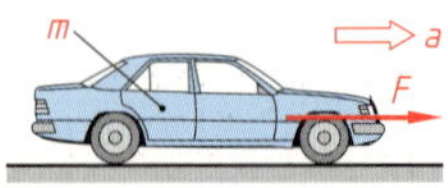

F	Beschleunigungskraft	N
m	Masse	kg
a	Beschleunigung oder Verzögerung	m/s²

$$1\ \frac{\text{m}}{\text{s}^2} = \frac{1\ \text{m/s}}{1\ \text{s}}$$

Beschleunigungskraft

$$F = m \cdot a$$

$$a = \frac{F}{m} \qquad m = \frac{F}{a}$$

Gewichtskraft

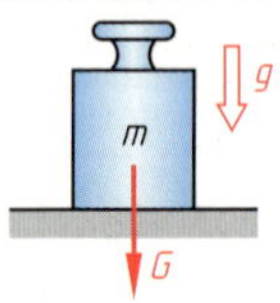

F_G, G	Gewichtskraft	N
m	Masse	kg
g	Fallbeschleunigung	m/s²

$$g = 9{,}81\ \frac{\text{m}}{\text{s}^2} \approx 10\ \frac{\text{m}}{\text{s}^2}$$

Gewichtskraft

$$G = m \cdot g$$

$$m = \frac{G}{g}$$

Federkraft

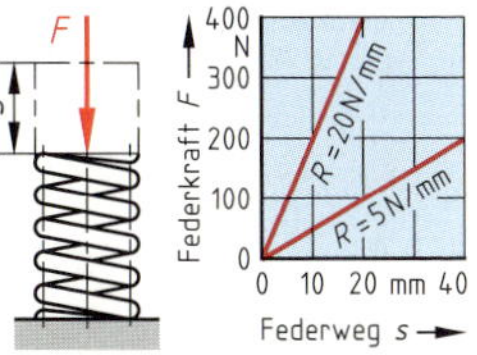

F	Federkraft	N
R	Federrate	N/mm
s	Federweg	mm

Federkraft

$$F = R \cdot s$$

$$R = \frac{F}{s} \qquad s = \frac{F}{R}$$

Fliehkraft

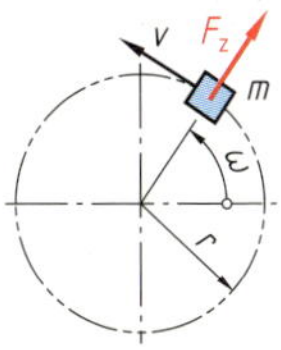

F_z	Fliehkraft	N
m	Masse	kg
r	Radius	m
ω	Winkelgeschwindigkeit	1/s
v	Umfangsgeschwindigkeit	m/s

Umfangsgeschwindigkeit Seite 18

Fliehkraft

$$F_z = m \cdot r \cdot \omega^2$$

$$F_z = \frac{m \cdot v^2}{r}$$

Geschwindigkeit bei gleichförmiger geradliniger Bewegung

Weg-Zeit-Schaubild

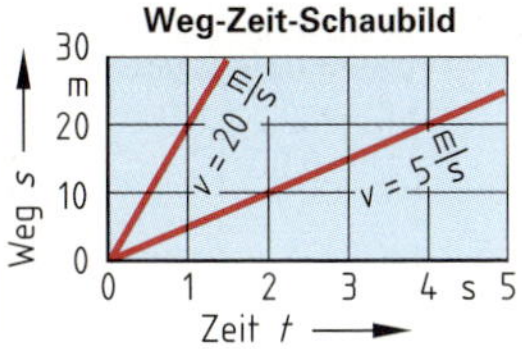

v	Geschwindigkeit	m/s
s	Weg	m
t	Zeit	s

$$1\,\frac{\text{m}}{\text{min}} = \frac{1}{60}\,\frac{\text{m}}{\text{s}} = 0{,}06\,\frac{\text{km}}{\text{h}}$$

$$1\,\frac{\text{m}}{\text{s}} = 60\,\frac{\text{m}}{\text{min}} = 3{,}6\,\frac{\text{km}}{\text{h}}$$

Geschwindigkeit

$$v = \frac{s}{t}$$

$$t = \frac{s}{v} \qquad s = v \cdot t$$

Geschwindigkeit bei gleichförmig beschleunigter Bewegung

Geschwindigkeit-Zeit-Schaubild

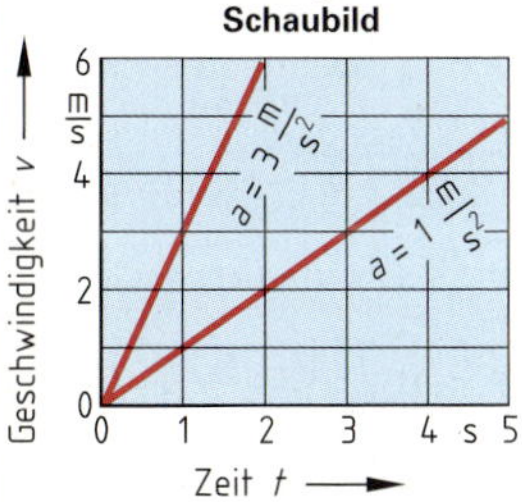

Weg-Zeit-Schaubild

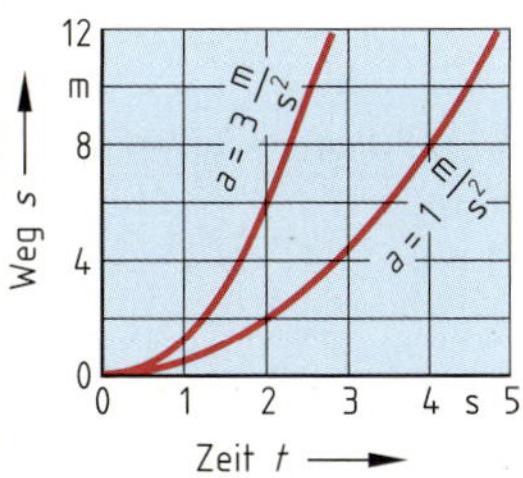

Die Zunahme der Geschwindigkeit je Zeiteinheit heißt Beschleunigung, die Abnahme Verzögerung.

Die Formeln gelten für die Beschleunigung aus dem Stillstand oder die Verzögerung bis zum Stillstand.

v	Endgeschwindigkeit bei Beschleunigung oder Anfangsgeschwindigkeit bei Verzögerung	m/s
s	Beschleunigungs- oder Verzögerungsweg	m
a	Beschleunigung oder Verzögerung	m/s²
t	Beschleunigungs- oder Verzögerungszeit	s
g	Fallbeschleunigung	m/s²

Der freie Fall ist eine gleichförmig beschleunigte Bewegung, bei der die Fallbeschleunigung g wirksam ist.

$$g = 9{,}81\,\frac{\text{m}}{\text{s}^2} \approx 10\,\frac{\text{m}}{\text{s}^2}$$

End- oder Anfangsgeschwindigkeit

$$v = a \cdot t$$

$$v = \sqrt{2 \cdot a \cdot s}$$

$$a = \frac{v}{t} \qquad t = \frac{v}{a}$$

$$a = \frac{v^2}{2 \cdot s} \qquad s = \frac{v^2}{2 \cdot a}$$

Beschleunigungs- oder Verzögerungsweg

$$s = \frac{1}{2} \cdot v \cdot t$$

$$s = \frac{1}{2} \cdot a \cdot t^2$$

$$v = \frac{2 \cdot s}{t} \qquad t = \frac{2 \cdot s}{v}$$

$$a = \frac{2 \cdot s}{t^2} \qquad t = \sqrt{\frac{2 \cdot s}{a}}$$

Geschwindigkeit bei kreisförmiger Bewegung

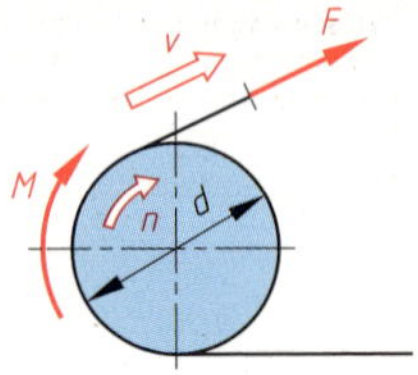

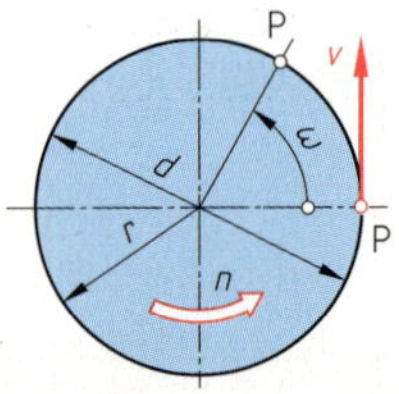

v	Umfangsgeschwindigkeit	m/s
ω	Winkelgeschwindigkeit	1/s
n	Drehzahl, Drehfrequenz	1/s
r	Radius	m
d	Durchmesser	m

Drehzahl, Winkelgeschwindigkeit

$$\frac{1}{\text{min}} = 1\ \text{min}^{-1} = \frac{1}{60\ \text{s}} = 0{,}01667\ \text{s}^{-1}$$

$$\frac{1}{\text{s}} = \frac{60}{\text{min}} = 60\ \text{min}^{-1}$$

Umfangsgeschwindigkeit

$$1\ \frac{\text{m}}{\text{min}} = \frac{1}{60}\ \frac{\text{m}}{\text{s}} = 0{,}06\ \frac{\text{km}}{\text{h}}$$

$$1\ \frac{\text{m}}{\text{s}} = 60\ \frac{\text{m}}{\text{min}} = 3{,}6\ \frac{\text{km}}{\text{h}}$$

$$1\ \frac{\text{km}}{\text{h}} = 16{,}667\ \frac{\text{m}}{\text{min}} = 0{,}2778\ \frac{\text{m}}{\text{s}}$$

Umfangsgeschwindigkeit

$$v = \pi \cdot d \cdot n$$

$$v = \omega \cdot r$$

$$d = \frac{v}{\pi \cdot n} \qquad n = \frac{v}{\pi \cdot d}$$

$$\omega = \frac{v}{r} \qquad r = \frac{v}{\omega}$$

Winkelgeschwindigkeit

$$\omega = 2 \cdot \pi \cdot n$$

$$n = \frac{\omega}{2 \cdot \pi}$$

Mittlere Geschwindigkeit bei Kurbeltrieben

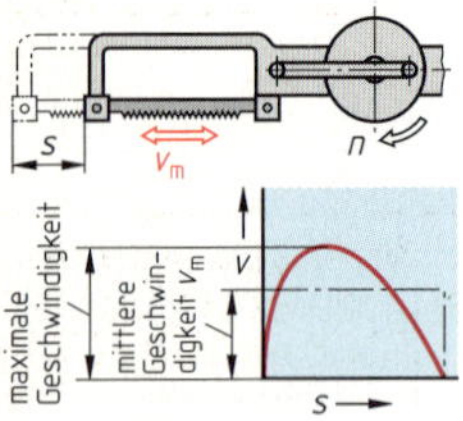

v_m	Mittlere Geschwindigkeit	m/min
n	Anzahl der Doppelhübe	1/min
s	Hublänge	m

Mittlere Geschwindigkeit

$$v_m = 2 \cdot s \cdot n$$

$$n = \frac{v_m}{2 \cdot s} \qquad s = \frac{v_m}{2 \cdot n}$$

Schnittgeschwindigkeit

Drehen

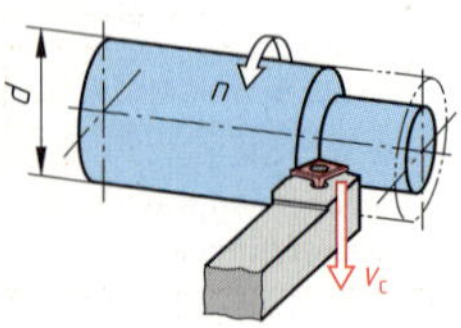

v_c	Schnittgeschwindigkeit	m/min
d	Durchmesser	m
n	Drehzahl	1/min

Schnittgeschwindigkeit

$$v_c = \pi \cdot d \cdot n$$

$$n = \frac{v_c}{\pi \cdot d} \qquad d = \frac{v_c}{\pi \cdot n}$$

Schleifen

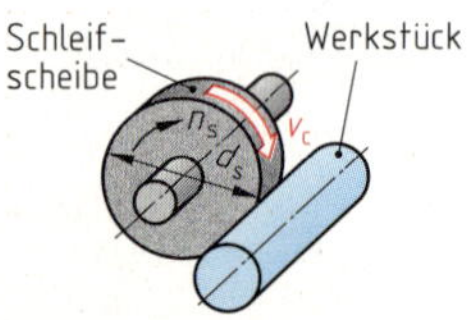

v_c	Schnittgeschwindigkeit	m/s
d_s	Durchmesser der Schleifscheibe	m
n_s	Drehzahl der Schleifscheibe	1/s

$$1\ \frac{\text{m}}{\text{s}} = 60\ \frac{\text{m}}{\text{min}}$$

Schnittgeschwindigkeit

$$v_c = \pi \cdot d_s \cdot n_s$$

$$n_s = \frac{v_c}{\pi \cdot d_s} \qquad d_s = \frac{v_c}{\pi \cdot n_s}$$

$$\frac{1}{\text{s}} = \frac{60}{\text{min}} = 60\ \text{min}^{-1}$$

Drehen

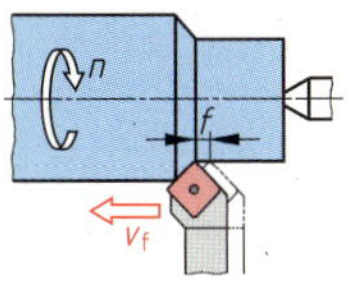

v_f	Vorschubgeschwindigkeit	mm/min
f	Vorschub	mm
n	Drehzahl	1/min

Vorschubgeschwindigkeit beim Bohren, Drehen

$$v_f = n \cdot f$$

$$n = \frac{v_f}{f} \qquad f = \frac{v_f}{n}$$

Fräsen

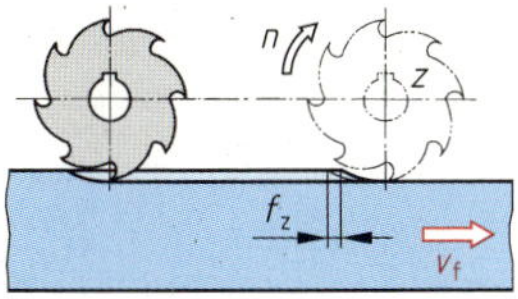

v_f	Vorschubgeschwindigkeit	mm/min
f_z	Vorschub je Schneide	mm
n	Drehzahl	1/min
z	Anzahl der Schneiden	–

Vorschubgeschwindigkeit beim Fräsen

$$v_f = n \cdot f_z \cdot z$$

$$n = \frac{v_f}{f_z \cdot z} \qquad f_z = \frac{v_f}{n \cdot z}$$

Schleifen

Längsrundschleifen

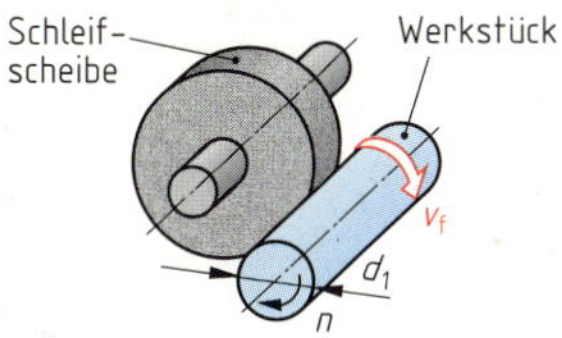

v_f	Vorschubgeschwindigkeit	mm/min
d_1	Durchmesser des Werkstücks	mm
n	Drehzahl des Werkstücks	1/min

Vorschubgeschwindigkeit beim Längsrundschleifen

$$v_f = \pi \cdot d_1 \cdot n$$

$$n = \frac{v_f}{\pi \cdot d_1}$$

Planschleifen

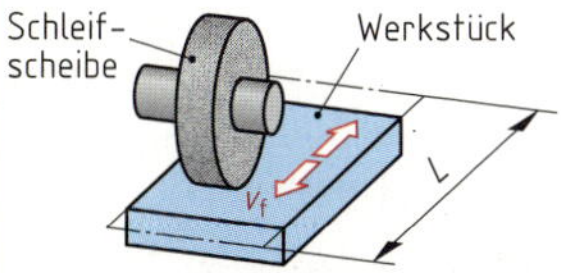

v_f	Vorschubgeschwindigkeit	mm/min
L	Vorschubweg	mm
n_H	Hubzahl (Einzelhübe)	1/min

Vorschubgeschwindigkeit beim Planschleifen

$$v_f = L \cdot n_H$$

$$L = \frac{v_f}{n_H} \qquad n_H = \frac{v_f}{L}$$

Gewindetrieb

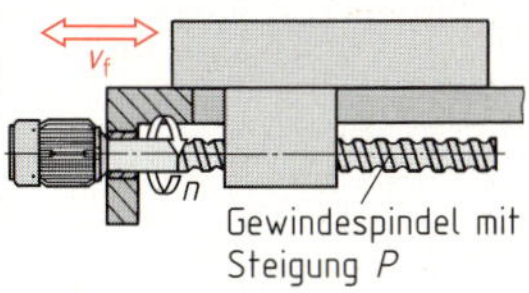

v_f	Vorschubgeschwindigkeit	mm/min
P	Gewindesteigung	mm
n	Drehzahl der Gewindespindel	1/min

Vorschubgeschwindigkeit beim Gewindetrieb

$$v_f = n \cdot P$$

$$n = \frac{v_f}{P}$$

Zahnstangentrieb

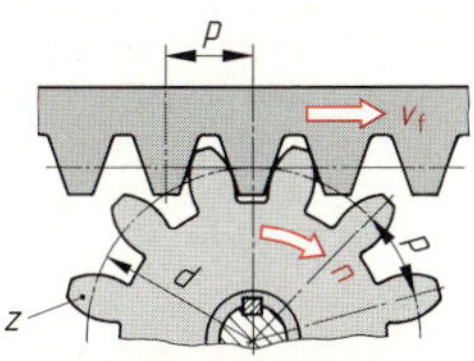

v_f	Vorschubgeschwindigkeit	mm/min
z	Zähnezahl des Ritzels	–
p	Zahnteilung	mm
n	Drehzahl des Ritzels	1/min
d	Teilkreisdurchmesser des Ritzels	mm

Vorschubgeschwindigkeit beim Zahnstangentrieb

$$v_f = n \cdot z \cdot p$$

$$v_f = \pi \cdot d \cdot n$$

$$n = \frac{v_f}{p \cdot z} \qquad n = \frac{v_f}{\pi \cdot d}$$

Hebel und Drehmoment

einseitiger Hebel

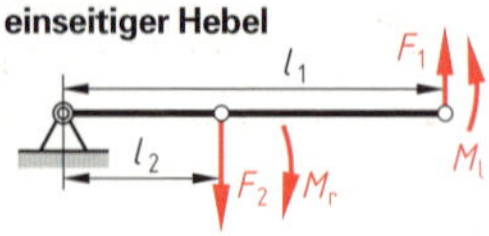

zweiseitiger Hebel

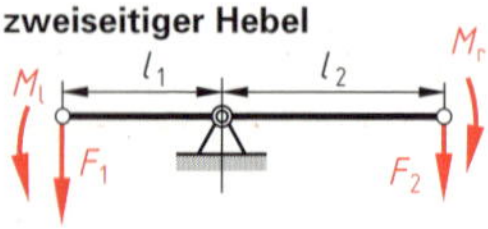

Winkelhebel

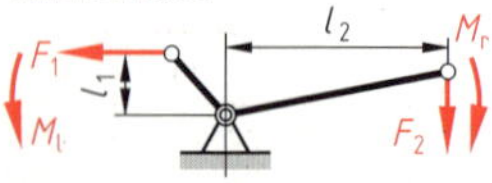

M	Drehmoment	N·m
l	wirksame Hebellänge	m
F	Kraft	N
ΣM_l	Summe aller linksdrehenden Momente	N·m
ΣM_r	Summe aller rechtsdrehenden Momente	N·m

Die wirksame Hebellänge l ist der rechtwinklige Abstand zwischen dem Drehpunkt des Hebels und der Wirkungslinie der Kraft. Bei scheibenförmigen drehbaren Teilen entspricht die Hebellänge dem Radius r.

Drehmoment

$$M = F \cdot l$$

$$F = \frac{M}{l} \qquad l = \frac{M}{F}$$

Hebelgesetz

$$\Sigma M_l = \Sigma M_r$$

Hebelgesetz bei nur 2 Kräften

$$F_1 \cdot l_1 = F_2 \cdot l_2$$

$$F_1 = \frac{F_2 \cdot l_2}{l_1} \qquad F_2 = \frac{F_1 \cdot l_1}{l_2}$$

Auflagerkräfte

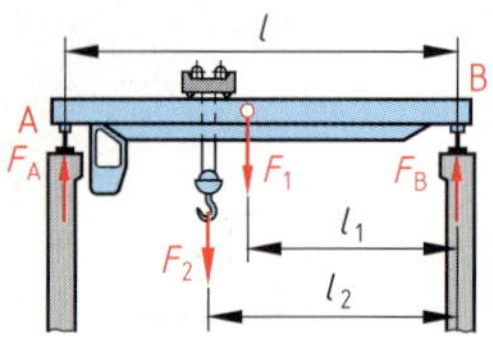

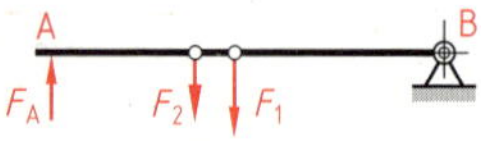

Zur Berechnung der Auflagerkräfte nimmt man einen der Auflagerpunkte als Drehpunkt (z. B. in B) an und berechnet die Auflagerkraft an dem anderen Auflagerpunkt (z. B. in A).

F_A, F_B	Auflagerkräfte	N
F_1, F_2	Kräfte	N
l, l_1, l_2	wirksame Hebellängen	m

Auflagerkraft in A

$$F_A = \frac{F_1 \cdot l_1 + F_2 \cdot l_2 \ldots}{l}$$

$$F_A + F_B = F_1 + F_2 \ldots$$

$$F_B = F_A - F_1 - F_2 - \ldots$$

Drehmoment bei Zahnrädertrieben

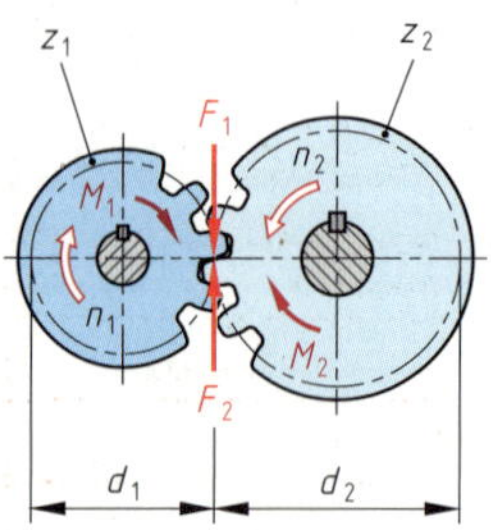

Treibendes Rad:

F_1	Zahnkraft	N
M_1	Drehmoment	N·m
d_1	Teilkreisdurchmesser	m
z_1	Zähnezahl	–
n_1	Drehzahl	1/min

Getriebenes Rad:

F_2	Zahnkraft	N
M_2	Drehmoment	N·m
d_2	Teilkreisdurchmesser	m
z_2	Zähnezahl	–
n_2	Drehzahl	1/min

Für beide Räder:

i	Übersetzungsverhältnis	–

Drehmoment

$$M_1 = \frac{F_1 \cdot d_1}{2}$$

$$M_2 = \frac{F_2 \cdot d_2}{2}$$

$$M_2 = i \cdot M_1$$

$$\frac{M_2}{M_1} = \frac{z_2}{z_1}$$

$$\frac{M_2}{M_1} = \frac{n_1}{n_2}$$

$$M_1 = \frac{M_2 \cdot z_1}{z_2} \qquad M_1 = \frac{M_2 \cdot n_2}{n_1}$$

$$M_2 = \frac{M_1 \cdot z_2}{z_1} \qquad M_2 = \frac{M_1 \cdot n_1}{n_2}$$

Mechanische Arbeit, Hubarbeit und Reibungsarbeit

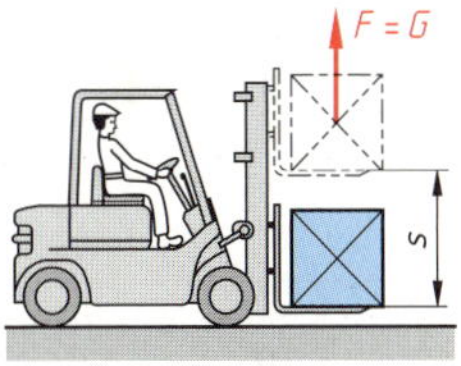

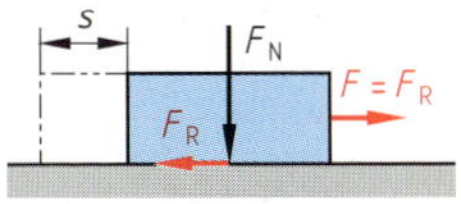

Arbeit wird verrichtet, wenn eine Kraft längs eines Weges wirkt.

F	Kraft in Wegrichtung	N
F_G, G	Gewichtskraft	N
F_R	Reibungskraft	N
W	Arbeit	J
s	Kraftweg	m
s, h	Hubhöhe	m

$$1\ \text{J} = 1\ \text{N} \cdot 1\ \text{m} = 1\ \text{W} \cdot \text{s} = 1\ \frac{\text{kg} \cdot \text{m}^2}{\text{s}^2}$$

Arbeit

$$W = F \cdot s$$

$$F = \frac{W}{s} \qquad s = \frac{W}{F}$$

Hubarbeit

$$W = G \cdot h$$

$$G = \frac{W}{h} \qquad h = \frac{W}{G}$$

Reibungsarbeit

$$W = \mu \cdot F_N \cdot s$$

Potenzielle Energie

Lageenergie **Federenergie**

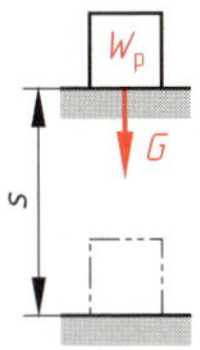

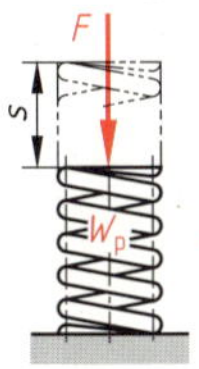

Potenzielle Energie ist gespeicherte Arbeit (Lageenergie, Federenergie, Druckenergie).

E_p, W_p	potenzielle Energie	J
F_G, G	Gewichtskraft	N
F	Kraft	N
R	Federrate	N/m
s, h	Weg, Hub- oder Fallhöhe, Federweg	m

1 N/mm = 1000 N/m

Lageenergie

$$W_p = F \cdot s$$

$$F = \frac{W_p}{s} \qquad s = \frac{W_p}{F}$$

Energie der Feder

$$W_p = \frac{R \cdot s^2}{2}$$

$$R = \frac{F}{s} \qquad s = \sqrt{\frac{2 \cdot W_p}{R}}$$

Kinetische Energie

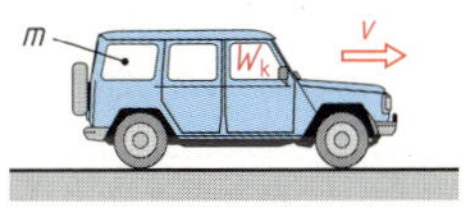

Kinetische Energie ist Energie der Bewegung.

E_k, W_k	kinetische Energie	J
v	Geschwindigkeit	m/s
m	Masse	kg

Kinetische Energie

$$W_k = \frac{m \cdot v^2}{2}$$

$$m = \frac{2 \cdot W_k}{v^2} \qquad v = \sqrt{\frac{2 \cdot W_k}{m}}$$

Goldene Regel der Mechanik

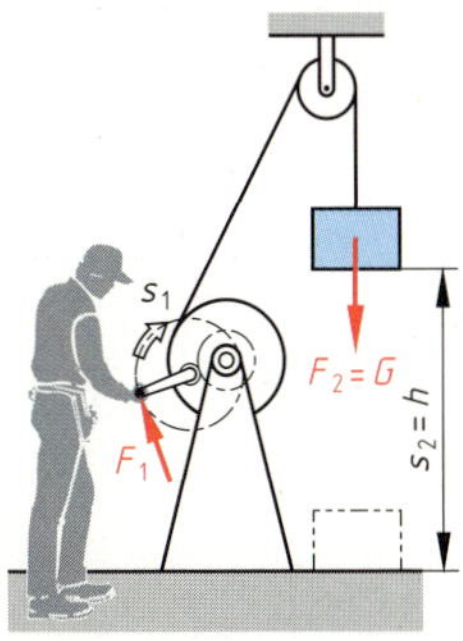

Bleibt die Reibung unberücksichtigt, so ist die aufgewendete Arbeit gleich der abgegebenen Arbeit.

W_1	aufgewendete Arbeit	J
F_1	aufgewendete Kraft	N
s_1	Weg der Kraft F_1	m
W_2	abgegebene Arbeit	J
F_2	abgegebene Kraft	N
s_2	Weg der Kraft F_2	m
F_G, G	Gewichtskraft	N
h	Hubhöhe	m
η	Wirkungsgrad	–

Goldene Regel der Mechanik

$$W_1 = W_2$$

$$F_1 \cdot s_1 = F_2 \cdot s_2$$

$$F \cdot s_1 = G \cdot h$$

Bei Berücksichtigung der Reibung

$$W_1 = \frac{W_2}{\eta}$$

Anwendung der goldenen Regel der Mechanik

Feste Rolle [1]

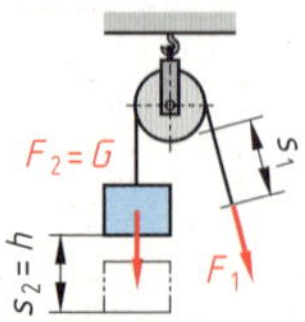

F_1	aufgewendete Kraft	N
s_1	Weg der Kraft F_1	m
G	Gewichtskraft	N
h	Hubhöhe	m
W_2	abgegebene Arbeit	J

$$F_1 = G$$

$$s_1 = h$$

$$W_2 = G \cdot h$$

Lose Rolle [1]

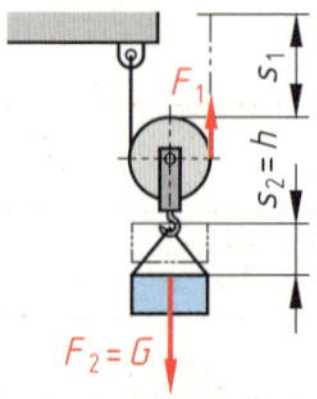

F_1	aufgewendete Kraft	N
s_1	Weg der Kraft F_1	m
G	Gewichtskraft	N
h	Hubhöhe	m
W_2	abgegebene Arbeit	J

$$F_1 = \frac{G}{2}$$

$$s_1 = 2 \cdot h$$

$$W_2 = G \cdot h$$

Flaschenzug [1]

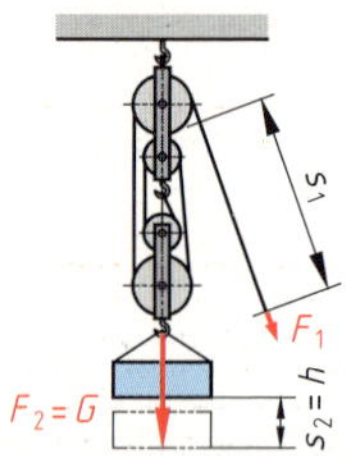

F_1	aufgewendete Kraft	N
s_1	Weg der Kraft F_1	m
G	Gewichtskraft	N
h	Hubhöhe	m
n	Anzahl der tragenden Seilstränge ≙ Anzahl der Rollen	–
W_2	abgegebene Arbeit	J

$$F_1 = \frac{G}{n}$$

$$s_1 = n \cdot h$$

$$W_2 = G \cdot h$$

Schraube [1]

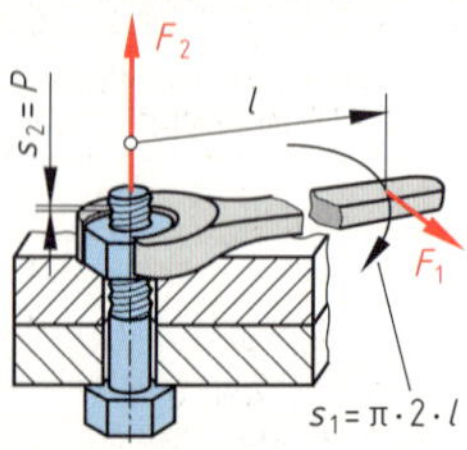

W_1	aufgewendete Arbeit	N·mm
W_2	abgegebene Arbeit	N·mm
F_1	aufgewendete Kraft	N
F_2	abgegebene Kraft	N
s_1	Weg der Kraft F_1	mm
l	Hebellänge	mm
P	Gewindesteigung	mm

Die Berechnung wird stets für eine volle Umdrehung (360°) durchgeführt.

1000 N·mm = 1 N·m = 1 J

$$F_1 \cdot \pi \cdot 2 \cdot l = F_2 \cdot P$$

$$s_1 = 2 \cdot \pi \cdot l$$

$$W_1 = F_1 \cdot 2 \cdot \pi \cdot l$$

$$W_2 = F_2 \cdot P$$

Keil [1]

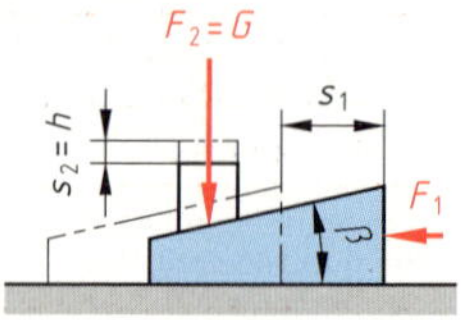

F_1	aufgewendete Kraft	N
F_2	abgegebene Kraft	N
s_1	Weg der Kraft F_1	mm
h	Hubhöhe	mm
β	Neigungswinkel	°
W_2	abgegebene Arbeit	N·mm

1000 N·mm = 1 N·m = 1 J

$$F_1 \cdot s_1 = F_2 \cdot h$$

$$F_2 = \frac{F_1}{\tan \beta}$$

$$h = s_1 \cdot \tan \beta$$

$$W_2 = F_2 \cdot h$$

[1] Die Formeln gelten für den reibungsfreien Zustand. Bei diesem ist die aufgewendete Arbeit W_1 gleich der abgegebenen Arbeit W_2.

Schiefe Ebene [1]

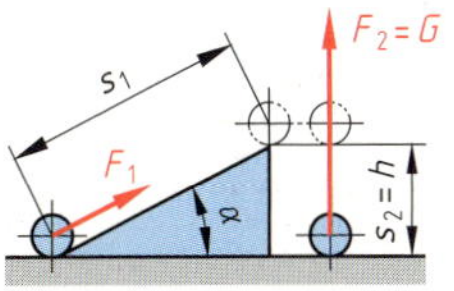

F_1	aufgewendete Kraft	N	$F_1 \cdot s_1 = G \cdot h$
s_1	Weg der Kraft F_1	m	$F_1 = G \cdot \sin \alpha$
G	Gewichtskraft	N	$W_2 = G \cdot h$
h	Höhe der schiefen Ebene	m	
α	Neigungswinkel	°	
W_2	abgegebene Arbeit	J	

Seilwinde [1]

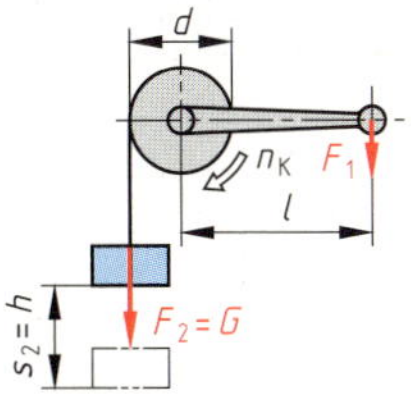

F_1	aufgewendete Kraft	N	$F_1 \cdot l = \frac{G \cdot d}{2}$
G	Gewichtskraft	N	$h = \pi \cdot d \cdot n_k$
l	Kurbellänge	m	$W_2 = G \cdot h$
h	Hubhöhe	m	
d	Trommeldurchmesser	m	
n_k	Anzahl der Kurbelumdrehungen	–	
W_2	abgegebene Arbeit	J	

Räderwinde [1]

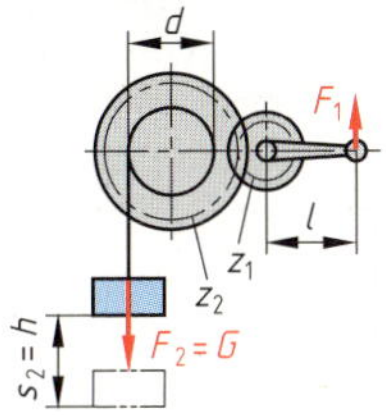

F_1	aufgewendete Kraft	N	$F_1 \cdot l \cdot i = \frac{G \cdot d}{2}$
G	Gewichtskraft	N	$i = \frac{z_2}{z_1}$
l	Kurbellänge	m	$W_2 = G \cdot h$
h	Hubhöhe	m	
d	Trommeldurchmesser	m	
i	Übersetzungsverhältnis	–	
W_2	abgegebene Arbeit	J	

[1] Die Formeln gelten für den reibungsfreien Zustand. Bei diesem ist die aufgewendete Arbeit W_1 gleich der abgegebenen Arbeit W_2.

Reibungskraft

Haftreibung, Gleitreibung

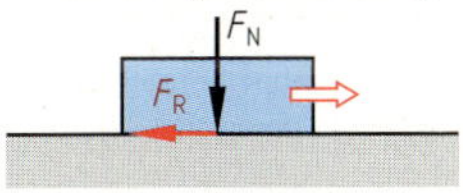

Rollreibung

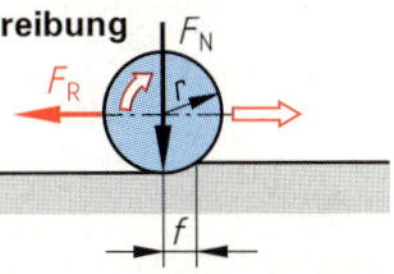

F_N	Normalkraft	N
F_R	Reibungskraft	N
μ	Reibungszahl bei Haft- oder Gleitreibung (Ruhe- oder Bewegungsreibung)	–
f	Rollreibungszahl	mm
r	Radius	mm

Reibungskraft bei Haft- oder Gleitreibung

$$F_R = \mu \cdot F_N$$

$$F_N = \frac{F_R}{\mu} \qquad \mu = \frac{F_R}{F_N}$$

Reibungskraft bei Rollreibung

$$F_R = \frac{f \cdot F_N}{r}$$

Reibungsmoment und Reibungsleistung in Lagern

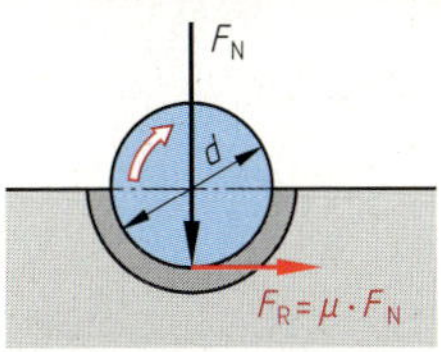

M	Reibungsmoment	N · m
P	Leistung	W
F_N	Normalkraft	N
μ	Reibungszahl	–
d	Durchmesser	m
n	Drehzahl	1/s

$$1\ \text{W} = \frac{1\ \text{N} \cdot \text{m}}{\text{s}} = \frac{1\ \text{J}}{\text{s}}$$

Reibungsmoment

$$M = \frac{\mu \cdot F_N \cdot d}{2}$$

Reibungsleistung

$$P = \mu \cdot F_N \cdot \pi \cdot d \cdot n$$

Leistung bei geradliniger Bewegung

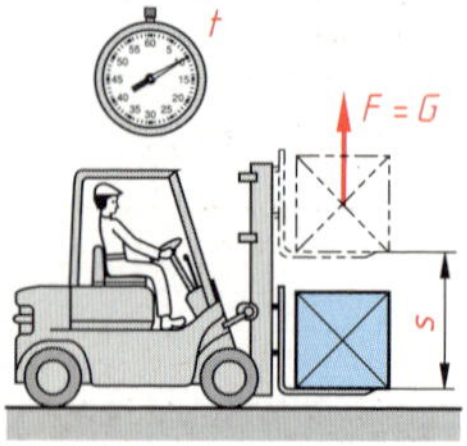

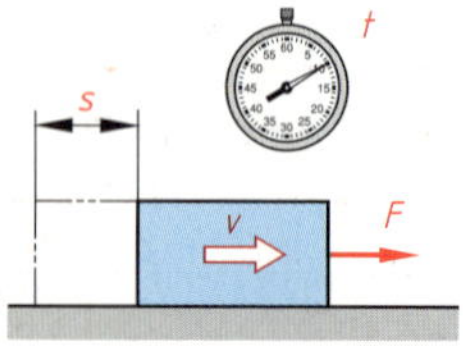

Leistung ist die Arbeit je Zeiteinheit.

P	Leistung	W
W	Arbeit	J
F	Kraft	N
v	Geschwindigkeit	m/s
s	Weg in Kraftrichtung	m
t	Zeit	s

$$1\ \text{W} = 1\ \frac{\text{J}}{\text{s}} = 1\ \frac{\text{N}\cdot\text{m}}{\text{s}}$$

1 kW = 1000 W = 1,36 PS

Schnittleistung bei Werkzeugmaschinen Seite 40

Hydraulische Leistung Seite 43

Leistung

$$P = \frac{W}{t}$$

$W = P \cdot t$ $\quad t = \frac{W}{P}$

Leistung

$$P = \frac{F \cdot s}{t}$$

$F = \frac{P \cdot t}{s}$ $\quad s = \frac{P \cdot t}{F}$ $\quad t = \frac{F \cdot s}{P}$

Leistung

$$P = F \cdot v$$

$F = \frac{P}{v}$ $\quad v = \frac{P}{F}$

Leistung bei kreisförmiger Bewegung

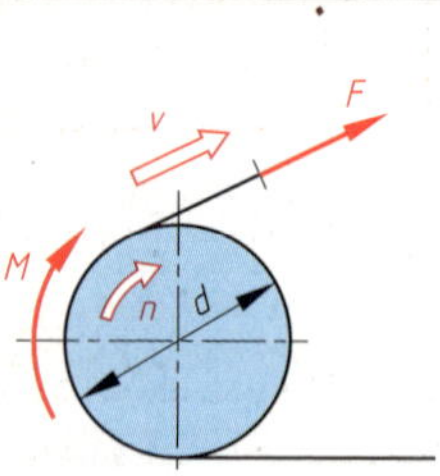

P	Leistung	W
M	Drehmoment	N·m
F	Umfangskraft	N
v	Geschwindigkeit	m/s
s	Weg in Kraftrichtung	m
t	Zeit	s
n	Drehzahl	1/s
ω	Winkelgeschwindigkeit	1/s

$$\frac{1}{\text{min}} = 1\ \text{min}^{-1} = \frac{1}{60\ \text{s}} = 0{,}01667\ \text{s}^{-1}$$

Leistung

$$P = F \cdot v$$

$$P = F \cdot \pi \cdot d \cdot n$$

$$P = M \cdot 2 \cdot \pi \cdot n$$

$$P = M \cdot \omega$$

Wirkungsgrad

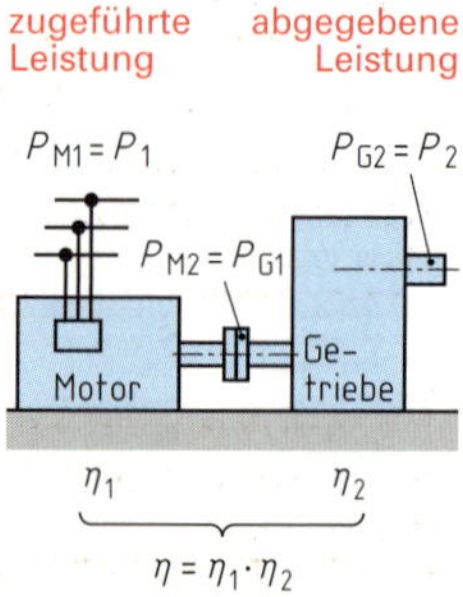

P_1	zugeführte Leistung	W
P_2	abgegebene Leistung	W
W_1	zugeführte Arbeit (Energie)	J
W_2	abgegebene Arbeit (Energie)	J
η	Gesamtwirkungsgrad	–
η_1, η_2, η_3	Teilwirkungsgrade	–
i	Übersetzungsverhältnis	–

Wirkungsgrad

$$\eta = \frac{P_2}{P_1}$$

$$\eta = \frac{W_2}{W_1}$$

Gesamtwirkungsgrad

$$\eta = \eta_1 \cdot \eta_2 \cdot \eta_3 \cdot \ldots$$

$\eta_1 = \frac{\eta}{\eta_2 \cdot \eta_3 \ldots}$ $\quad \eta_2 = \frac{\eta}{\eta_1 \cdot \eta_3 \ldots}$

Temperatureinheiten

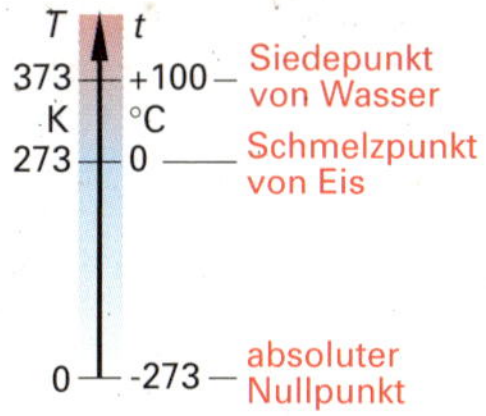

Die thermodynamische Temperatur in Kelvin (K) geht von der tiefstmöglichen Temperatur (vom absoluten Nullpunkt) aus, die Celsiustemperatur vom Schmelzpunkt des Eises.

T	thermodynamische Temperatur	K
t, ϑ	Celsius-Temperatur	°C

Thermodynamische Temperatur

$$T = t + 273$$

$$t = T - 273$$

Längenänderung

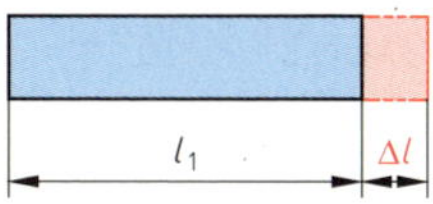

α_l	Längenausdehnungskoeffizient	1/K, 1/°C
$\Delta t, \Delta\vartheta$	Temperaturänderung	K, °C
Δl	Längenänderung	mm
l_1	Anfangslänge	mm

Längenänderung

$$\Delta l = \alpha_l \cdot l_1 \cdot \Delta t$$

$$\Delta t = \frac{\Delta l}{\alpha_l \cdot l_1} \qquad l_1 = \frac{\Delta l}{\alpha_l \cdot \Delta t}$$

Volumenänderung

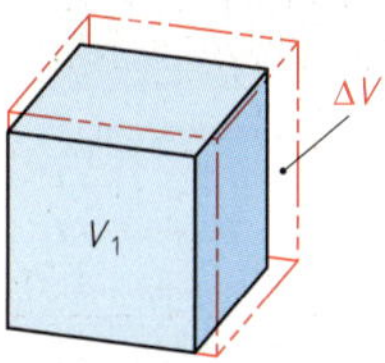

α_V	Volumenausdehnungskoeffizient	1/K, 1/°C
$\Delta t, \Delta\vartheta$	Temperaturänderung	K, °C
ΔV	Volumenänderung	dm^3, l
V_1	Anfangsvolumen	dm^3, l

$\alpha_V \approx 3 \cdot \alpha_l$

$1\ l = 1\ dm^3 = 1000\ cm^3 = 0{,}001\ m^3$

Volumenänderung

$$\Delta V = \alpha_V \cdot V_1 \cdot \Delta t$$

$$\Delta t = \frac{\Delta V}{\alpha_V \cdot V_1} \qquad V_1 = \frac{\Delta V}{\alpha_V \cdot \Delta t}$$

Zustandsänderung von Gasen

Verdichtung

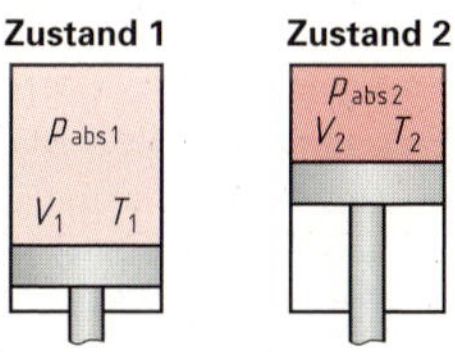

Gesetz von Boyle-Mariotte

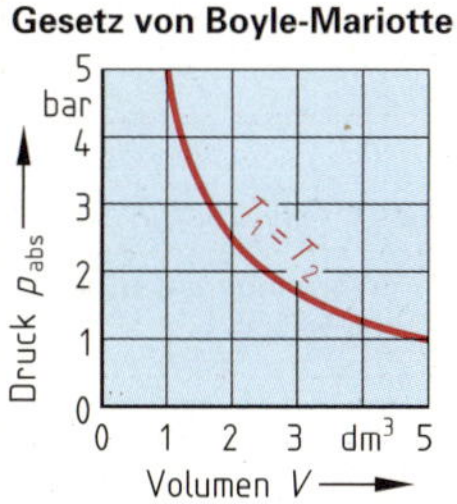

Zustand 1

p_{abs1}	absoluter Druck	bar
V_1	Volumen	dm^3, l
T_1	absolute Temperatur	K

Zustand 2

p_{abs2}	absoluter Druck	bar
V_2	Volumen	dm^3, l
T_2	absolute Temperatur	K

$1\ l = 1\ dm^3 = 1000\ cm^3 = 0{,}001\ m^3$

Allgemeine Gasgleichung

$$\frac{p_{abs1} \cdot V_1}{T_1} = \frac{p_{abs2} \cdot V_2}{T_2}$$

Sonderfälle:

bei konstanter Temperatur ($T_1 = T_2$), Gesetz von Boyle-Marionette)

$$p_{abs1} \cdot V_1 = p_{abs2} \cdot V_2$$

bei konstantem Volumen ($V_1 = V_2$)

$$\frac{p_{abs1}}{T_1} = \frac{p_{abs2}}{T_2}$$

bei konstantem Druck ($p_{abs1} = p_{abs2}$)

$$\frac{V_1}{T_1} = \frac{V_2}{T_2}$$

Schwindung

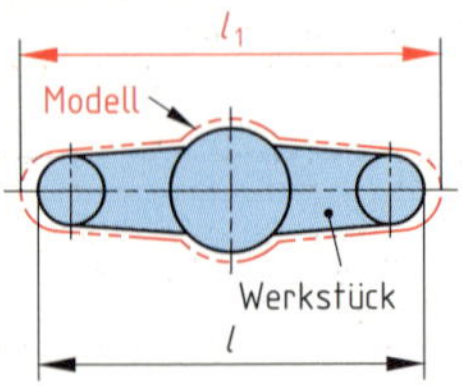

S	Schwindmaß	%
l	Werkstücklänge	mm
l_1	Modelllänge	mm

Modelllänge

$$l_1 = \frac{l \cdot 100\%}{100\% - S}$$

$$l = \frac{l_1 \cdot (100\% - S)}{100\%}$$

Wärmemenge bei Temperaturänderung

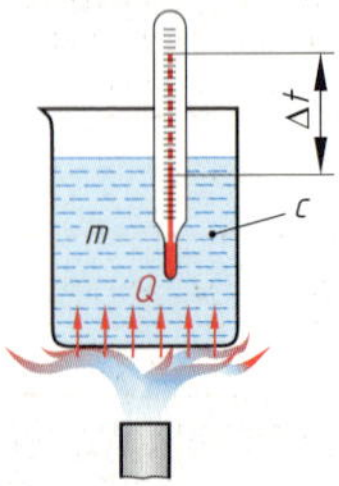

Q	Wärmemenge	kJ
m	Masse	kg
c	spezifische Wärmekapazität	$\frac{\text{kJ}}{\text{kg} \cdot \text{K}}$
Δt, $\Delta\vartheta$	Temperaturänderung	K, °C

1 kW · h = 3,6 MJ = 3600 kJ = 3600000 J

1 J = 1 W · s

$1\ \text{MJ} = \frac{1}{3{,}6}\ \text{kW} \cdot \text{h}$

Wärmemenge

$$Q = c \cdot m \cdot \Delta t$$

$$\Delta t = \frac{Q}{c \cdot m} \qquad m = \frac{Q}{c \cdot \Delta t}$$

Wärme beim Schmelzen und Verdampfen

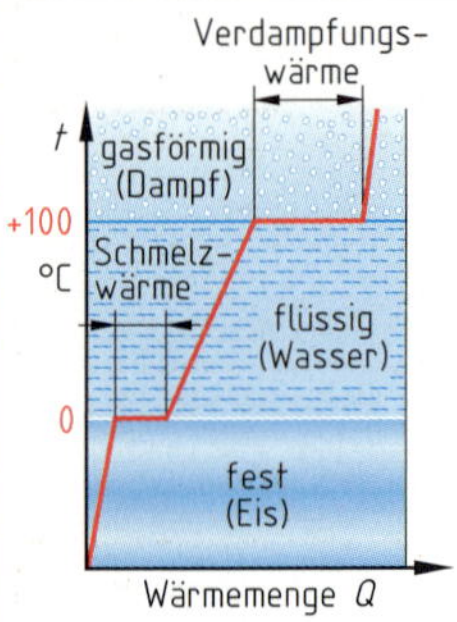

Q	Schmelzwärme, Verdampfungswärme	kJ
q	spezifische Schmelzwärme	kJ/kg
r	spezifische Verdampfungswärme	kJ/kg
m	Masse	kg

1 kW · h = 3,6 MJ = 3600 kJ = 3600000 J

1 J = 1 W · s

$1\ \text{MJ} = \frac{1}{3{,}6}\ \text{kW} \cdot \text{h}$

Schmelzwärme

$$Q = q \cdot m$$

$$m = \frac{Q}{q}$$

Verdampfungswärme

$$Q = r \cdot m$$

$$m = \frac{Q}{r}$$

Wärme durch Verbrennen

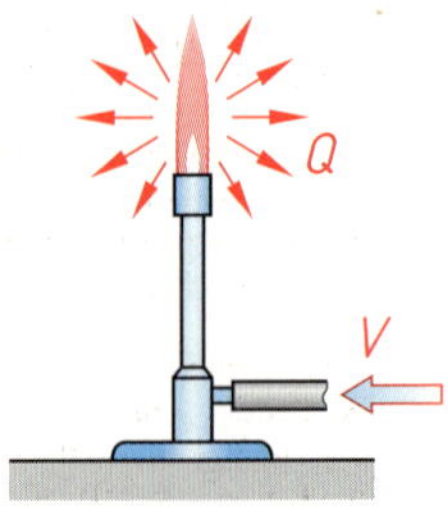

Q	Verbrennungswärme	MJ
H, H_u	spezifischer Heizwert fester und flüssiger Brennstoffe	MJ/kg
H, H_u	spezifischer Heizwert von Gasen	MJ/m^3
m	Masse fester und flüssiger Brennstoffe	kg
V	Volumen von Brenngasen	m^3

1 kW · h = 3,6 MJ = 3600 kJ = 3600000 J

1 J = 1 W · s

$1\ \text{MJ} = \frac{1}{3{,}6}\ \text{kW} \cdot \text{h}$

Verbrennungswärme fester und flüssiger Brennstoffe

$$Q = H_u \cdot m$$

$$m = \frac{Q}{H_u}$$

Verbrennungswärme von Gasen

$$Q = H_u \cdot V$$

$$V = \frac{Q}{H_u}$$

Beanspruchung auf Zug

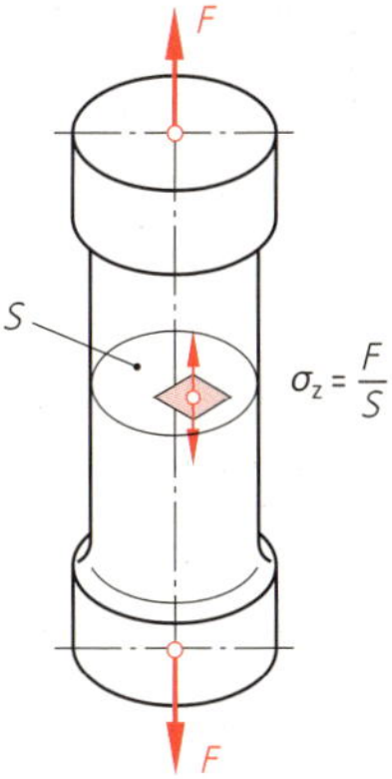

σ_z	Zugspannung	N/mm²
F	Zugkraft	N
S	Querschnittsfläche	mm²
$\sigma_{z\,zul}$	zulässige Zugspannung	N/mm²
R_e	Streckgrenze	N/mm²
R_m	Zugfestigkeit	N/mm²
ν	Sicherheitszahl	–
F_{zul}	zulässige Zugkraft	N

Zugspannung

$$\sigma_z = \frac{F}{S}$$

zulässige Zugspannung für zähe Werkstoffe (z.B. Stahl)

$$\sigma_{z\,zul} = \frac{R_e}{\nu}$$

zulässige Zugspannung für spröde Werkstoffe (z.B. Gusseisen)

$$\sigma_{z\,zul} = \frac{R_m}{\nu}$$

zulässige Zugkraft

$$F_{zul} = \sigma_{z\,zul} \cdot S$$

Zugversuch

Spannungs-Dehnungs-Diagramm mit ausgeprägter Streckgrenze, z.B. bei weichem Stahl

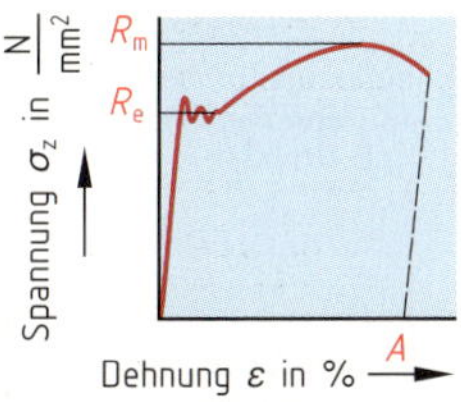

Spannungs-Dehnungs-Diagramm ohne ausgeprägte Streckgrenze, z.B. bei vergütetem Stahl

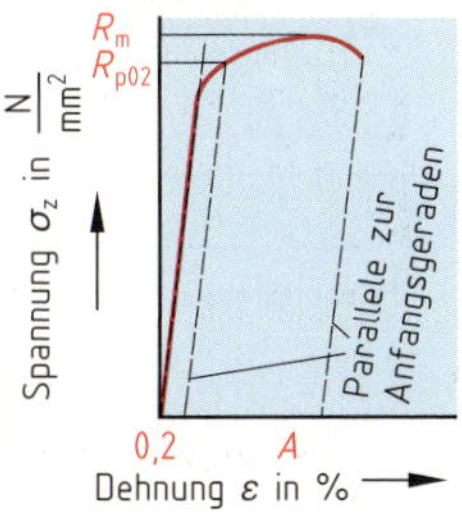

Zugprobe

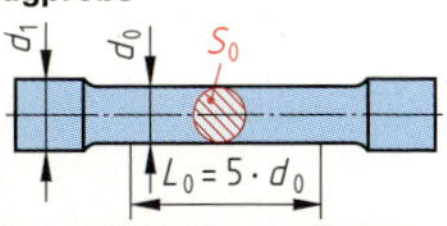

F	Zugkraft	N
F_m	Höchstzugkraft	N
L	Messlänge	mm
L_0	Anfangsmesslänge	mm
L_u	Messlänge nach dem Bruch	mm
d_0	Anfangsdurchmesser der Probe	mm
S_0	Anfangsquerschnitt der Probe	mm²
S_u	kleinster Probenquerschnitt nach dem Bruch	mm²
ε	Dehnung	%
A	Bruchdehnung	%
Z	Brucheinschnürung	%
σ_z	Zugspannung	N/mm²
R_m	Zugfestigkeit	N/mm²
R_e	Streckgrenze	N/mm²
$R_{p\,0,2}$	Dehngrenze bei 0,2% bleibender Dehnung	N/mm²
E	Elastizitätsmodul	N/mm²

Zugspannung

$$\sigma_z = \frac{F}{S_0}$$

$$F = \sigma_z \cdot S_0$$

Zugfestigkeit

$$R_m = \frac{F_m}{S_0}$$

$$F_m = R_m \cdot S_0 \qquad S_0 = \frac{F_m}{R_m}$$

Dehnung

$$\varepsilon = \frac{L - L_0}{L_0} \cdot 100\,\%$$

$$L = \frac{\varepsilon \cdot L_0}{100\,\%} + L_0$$

Bruchdehnung

$$A = \frac{L_u - L_0}{L_0} \cdot 100\,\%$$

Brucheinschnürung

$$Z = \frac{S_0 - S_u}{S_0} \cdot 100\,\%$$

Elastizitätsmodul (nur bei Beanspruchung im elastischen Bereich)

$$E = \frac{\sigma_z}{\varepsilon} \cdot 100\,\%$$

Bestimmung der Eigenschaften von Kunststoffen bei Zugbeanspruchung

typische Spannungs-Dehnungs-Kurven

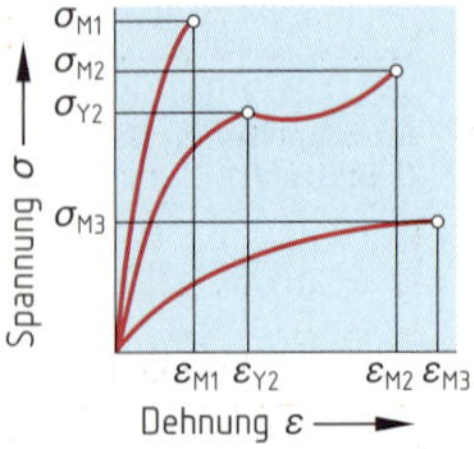

Probekörper

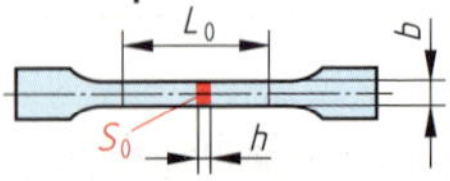

F_M	Höchstkraft	N
F_Y	Streckspannungskraft	N
ΔL_{FM}	Längenänderung bei Höchstkraft	mm
ΔL_{FY}	Längenänderung bei Streckspannungskraft	mm
L_0	Messlänge	mm
S_0	Anfangsquerschnitt	mm²
σ_M	Zugfestigkeit	N/mm²
σ_Y	Streckspannung	N/mm²
ε_M	Höchstdehnung	%
ε_Y	Streckdehnung	%

Zugfestigkeit

$$\sigma_M = \frac{F_M}{S_0}$$

Streckspannung

$$\sigma_Y = \frac{F_Y}{S_0}$$

Höchstdehnung

$$\varepsilon_M = \frac{\Delta L_{FM}}{L_0} \cdot 100\,\%$$

Streckdehnung

$$\varepsilon_Y = \frac{\Delta L_{FY}}{L_0} \cdot 100\,\%$$

Beanspruchung auf Druck

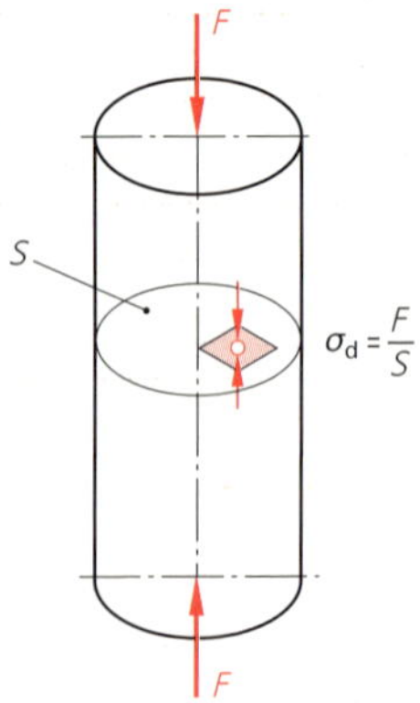

σ_d	Druckspannung	N/mm²
F	Druckkraft	N
S	Querschnittsfläche	mm²
$\sigma_{d\,zul}$	zulässige Druckspannung	N/mm²
σ_{dF}	Quetschgrenze	N/mm²
R_e	Streckgrenze	N/mm²
R_m	Zugfestigkeit	N/mm²
ν	Sicherheitszahl	–
F_{zul}	zulässige Druckkraft	N

Druckspannung

$$\sigma_d = \frac{F}{S}$$

$F = \sigma_d \cdot S$ $\quad S = \frac{F}{\sigma_d}$

zulässige Druckspannung für zähe Werkstoffe (z.B. Stahl)

$$\sigma_{d\,zul} = \frac{\sigma_{dF}}{\nu}$$

zulässige Druckspannung für Gusseisen

$$\sigma_{d\,zul} \approx \frac{4 \cdot R_m}{\nu}$$

zulässige Druckkraft

$$F_{zul} = \sigma_{d\,zul} \cdot S$$

Beanspruchung auf Flächenpressung (Lochleibung)

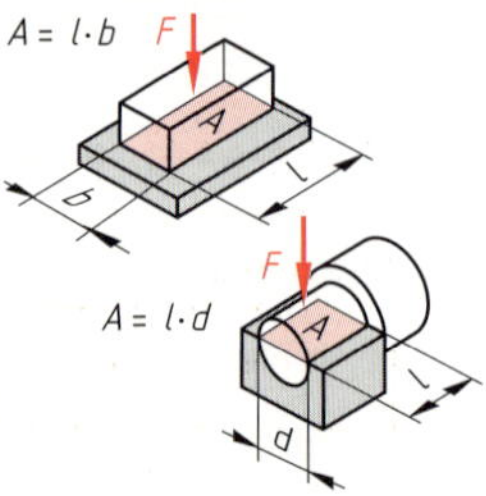

F	Kraft	N
p	Flächenpressung	N/mm²
A	Berührungsfläche, projizierte Fläche	mm²

Flächenpressung

$$p = \frac{F}{A}$$

$F = p \cdot A$ $\quad A = \frac{F}{p}$

Beanspruchung auf Abscherung

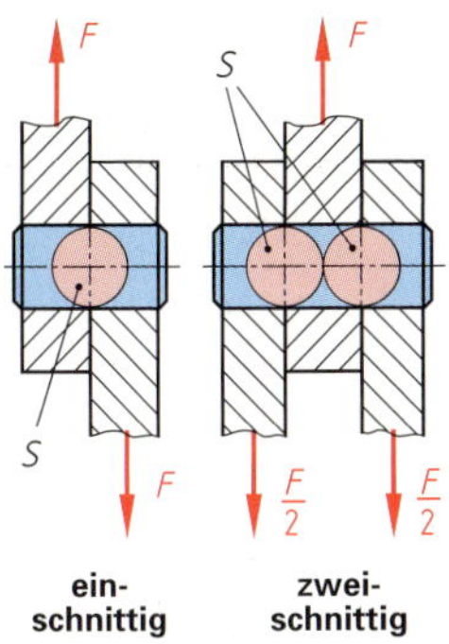

τ_a	Scherspannung	N/mm²
$\tau_{a\,zul}$	zulässige Scherspannung	N/mm²
τ_{aB}	Scherfestigkeit	N/mm²
F	Scherkraft	N
F_{zul}	zulässige Scherkraft	N
S	Querschnittfläche	mm²
ν	Sicherheitszahl	–

Scherspannung

$$\tau_a = \frac{F}{S}$$

zulässige Scherspannung

$$\tau_{a\,zul} = \frac{\tau_{aB}}{\nu}$$

zulässige Scherkraft

$$F_{zul} = S \cdot \tau_{a\,zul}$$

Schneiden von Werkstoffen

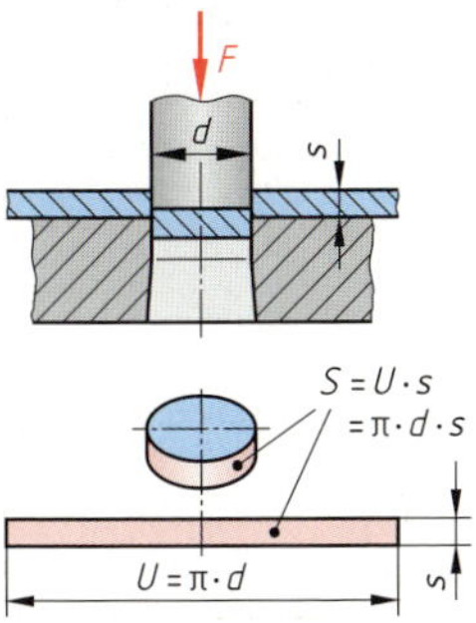

$\tau_{aB\,max}$	maximale Scherfestigkeit	N/mm²
$R_{m\,max}$	maximale Zugfestigkeit	N/mm²
S	Scherfläche	mm²
F	Schneidkraft	N
U	Umfang	mm
s	Blechdicke	mm

maximale Scherfestigkeit

$$\tau_{aB\,max} \approx 0{,}8 \cdot R_{m\,max}$$

Schneidkraft

$$F = S \cdot \tau_{aB\,max}$$

$$S = \frac{F}{\tau_{aB\,max}}$$

Scherfläche

$$S = U \cdot s$$

Ohm'sches Gesetz

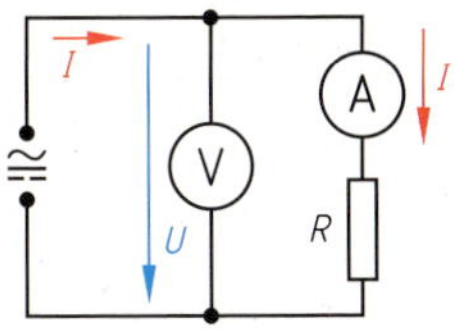

U	Spannung	V
I	Stromstärke	A
R	Widerstand	Ω

$$1\,\Omega = \frac{1\,\text{V}}{1\,\text{A}}$$

Stromstärke

$$I = \frac{U}{R}$$

$$R = \frac{U}{I} \qquad U = I \cdot R$$

Leiterwiderstand

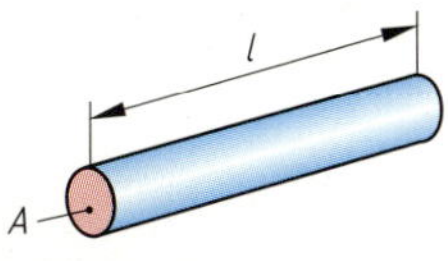

R	Widerstand	Ω
A	Leiterquerschnitt	mm²
l	Leiterlänge	m
ϱ	spezifischer Widerstand	$\frac{\Omega \cdot mm^2}{m}$

Widerstand

$$R = \frac{\varrho \cdot l}{A}$$

Reihenschaltung von Widerständen

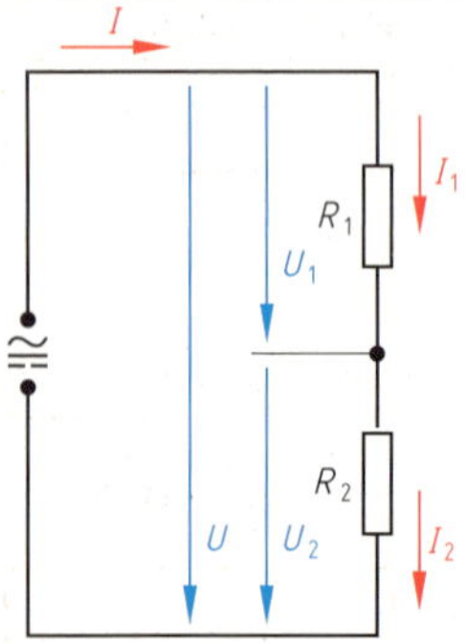

R	Gesamtwiderstand	Ω
I	Gesamtstrom	A
U	Gesamtspannung	V
R_1, R_2	Einzelwiderstände	Ω
I_1, I_2	Teilströme	A
U_1, U_2	Teilspannungen	V

Gesamtwiderstand

$$R = R_1 + R_2 + ...$$

Gesamtspannung

$$U = U_1 + U_2 + ...$$

Gesamtstrom

$$I = I_1 = I_2 = ...$$

Teilspannungen

$$\frac{U_1}{U_2} = \frac{R_1}{R_2}$$

Parallelschaltung von Widerständen

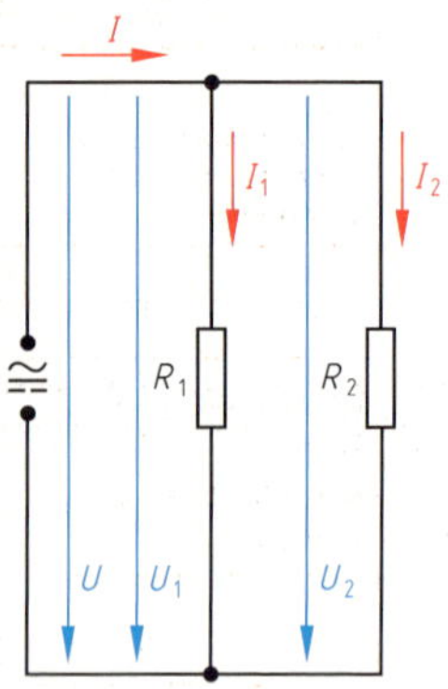

R	Gesamtwiderstand	Ω
I	Gesamtstrom	A
U	Gesamtspannung	V
R_1, R_2	Einzelwiderstände	Ω
I_1, I_2	Teilströme	A
U_1, U_2	Teilspannungen	V

Gesamtwiderstand

$$\frac{1}{R} = \frac{1}{R_1} + \frac{1}{R_2} + ...$$

Gesamtwiderstand bei nur 2 Teilwiderständen

$$R = \frac{R_1 \cdot R_2}{R_1 + R_2}$$

Gesamtspannung

$$U = U_1 = U_2 = ...$$

Gesamtstrom

$$I = I_1 + I_2 + ...$$

Teilströme

$$\frac{I_1}{I_2} = \frac{R_2}{R_1}$$

Transformator

Eingangsseite (Primärspule) **Ausgangsseite** (Sekundärspule)

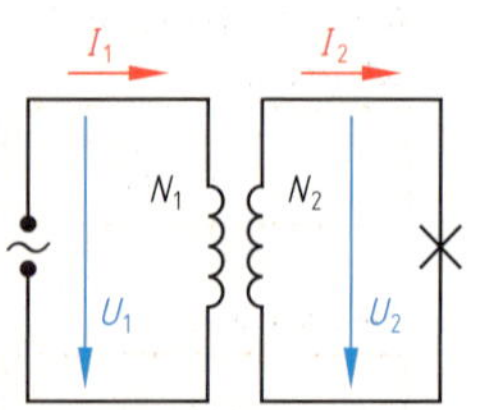

N_1, N_2	Windungszahlen	–
U_1, U_2	Spannungen	V
I_1, I_2	Stromstärken	A

Spannungen

$$\frac{U_1}{U_2} = \frac{N_1}{N_2}$$

$$U_1 = \frac{N_1 \cdot U_2}{N_2} \quad U_2 = \frac{U_1 \cdot N_2}{N_1}$$

Stromstärken

$$\frac{I_1}{I_2} = \frac{N_2}{N_1}$$

$$I_1 = \frac{N_2 \cdot I_2}{N_1} \quad I_2 = \frac{I_1 \cdot N_1}{N_2}$$

Elektrische Arbeit

W	elektrische Arbeit	kW·h
P	elektrische Leistung	kW
t	Zeit	h

1 kW·h = 3,6 MJ = 3600000 W·s

Elektrische Arbeit

$$W = P \cdot t$$

$$P = \frac{W}{t} \qquad t = \frac{W}{P}$$

Elektrische Leistung bei Gleich- und Wechselstrom

Gleich- oder Wechselstrom

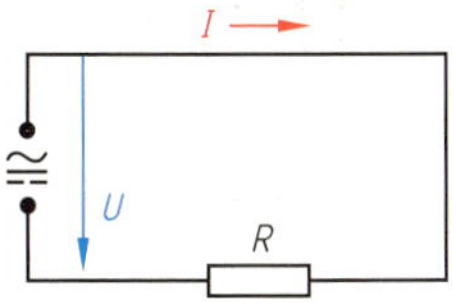

Wechselstrom mit induktivem Lastanteil

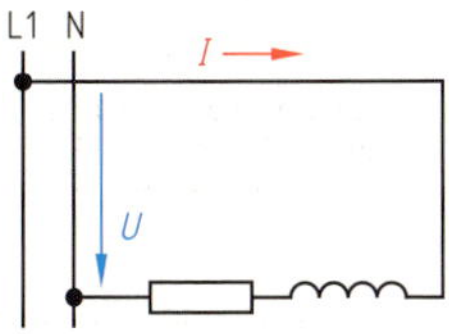

P	elektrische Leistung	W
U	Spannung (Leiterspannung)	V
I	Stromstärke	A
R	Widerstand	Ω
$\cos\varphi$	Leistungsfaktor	–

Leistung bei Gleichstrom oder induktionsfreiem Wechselstrom

$$P = U \cdot I$$

$$P = I^2 \cdot R$$

$$P = \frac{U^2}{R}$$

Leistung bei Wechselstrom mit induktivem Lastanteil

$$P = U \cdot I \cdot \cos\varphi$$

Stern-Dreieckschaltung bei Drehstrom (Dreiphasen-Wechselstrom)

Sternschaltung Y

$U_{Str} = 230$ V

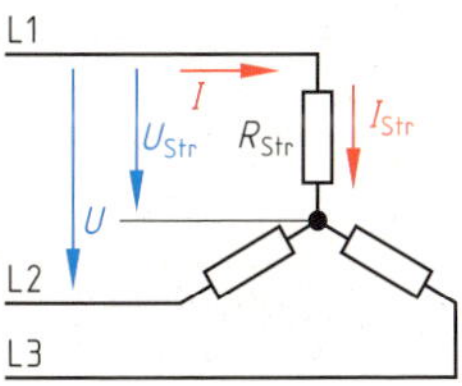

Dreieckschaltung △

$U_{Str} = 400$ V

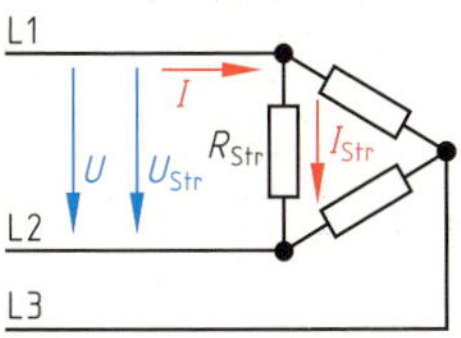

I	Leiterstrom	A
U	Leiterspannung	V
I_{Str}	Strangstrom	A
U_{Str}	Strangspannung	V
R_{Str}	Strangwiderstand	Ω
P	Leistung	W
$\cos\varphi$	Leistungsfaktor	–

Stern- oder Dreieckschaltung

Strangstrom

$$I_{Str} = \frac{U_{Str}}{R_{Str}}$$

Leistung ohne induktiven Lastanteil

$$P = \sqrt{3} \cdot U \cdot I$$

Leistung mit induktivem Lastanteil

$$P = \sqrt{3} \cdot U \cdot I \cdot \cos\varphi$$

Sternschaltung Y

Leiterstrom

$$I = I_{Str}$$

Leiterspannung

$$U = \sqrt{3} \cdot U_{Str}$$

Dreieckschaltung △

Leiterstrom

$$I = \sqrt{3} \cdot I_{Str}$$

Leiterspannung

$$U = U_{Str}$$

Grenzmaße und Toleranzen für Bohrungen[1]

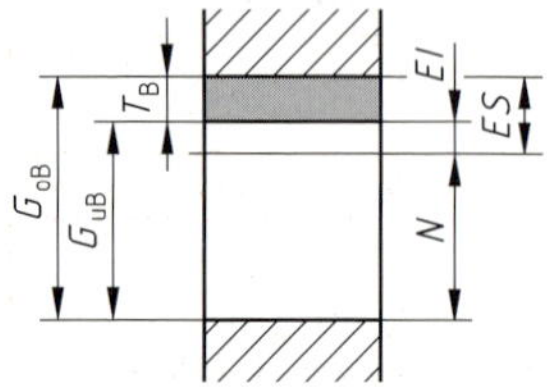

N	Nennmaß	mm
G_{oB}	Höchstmaß der Bohrung	mm
G_{uB}	Mindestmaß der Bohrung	mm
ES	oberes Abmaß der Bohrung	mm
EI	unteres Abmaß der Bohrung	mm
T_B	Toleranz oder Bohrung	mm

1 µm = 0,001 mm
1 mm = 1000 µm

Höchstmaß

$$G_{oB} = N + ES$$

Mindestmaß

$$G_{uB} = N + EI$$

Toleranz

$$T_B = ES - EI$$

$$T_B = G_{oB} - G_{uB}$$

Grenzmaße und Toleranzen für Wellen[1]

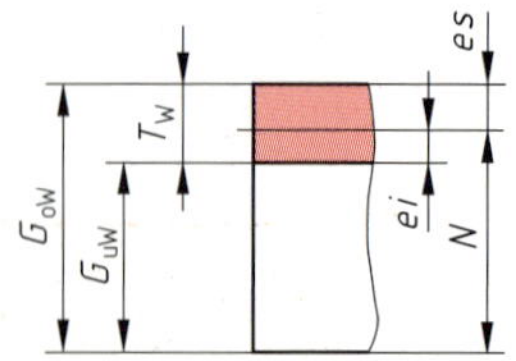

N	Nennmaß	mm
G_{oW}	Höchstmaß der Welle	mm
G_{uW}	Mindestmaß der Welle	mm
es	oberes Abmaß der Welle	mm
ei	unteres Abmaß der Welle	mm
T_W	Toleranz oder Welle	mm

1 µm = 0,001 mm
1 mm = 1000 µm

Höchstmaß

$$G_{oW} = N + es$$

Mindestmaß

$$G_{uW} = N + ei$$

Toleranz

$$T_W = es - ei$$

$$T_W = G_{oW} - G_{uW}$$

Passungen[1]

Spielpassung

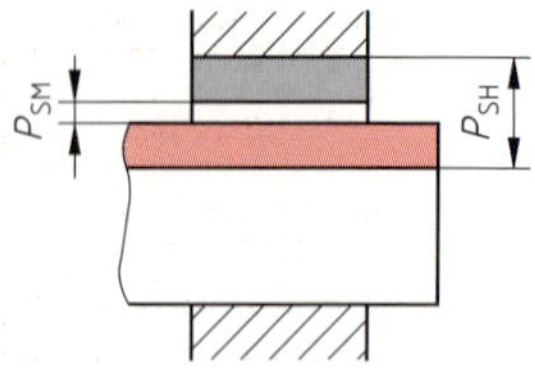

P_{SH}	Höchstspiel	mm
P_{SM}	Mindestspiel	mm

Höchstspiel

$$P_{SH} = G_{oB} - G_{uW}$$

$$P_{SH} = ES - ei$$

Mindestspiel

$$P_{SM} = G_{uB} - G_{oW}$$

$$P_{SM} = EI - es$$

Übergangspassung

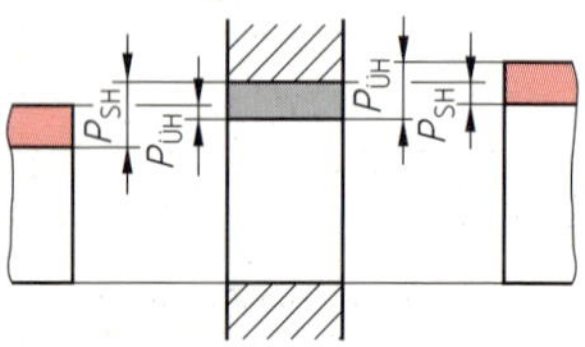

P_{SH}	Höchstspiel	mm
$P_{ÜH}$	Höchstübermaß	mm

Höchstspiel

$$P_{SH} = G_{oB} - G_{uW}$$

$$P_{SH} = ES - ei$$

Höchstübermaß

$$P_{ÜH} = G_{uB} - G_{oW}$$

$$P_{ÜH} = EI - es$$

Übermaßpassung

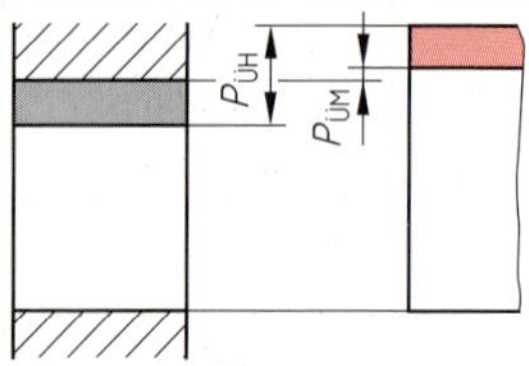

$P_{ÜH}$	Höchstübermaß	mm
$P_{ÜM}$	Mindestübermaß	mm

Höchstübermaß

$$P_{ÜH} = G_{uB} - G_{oW}$$

$$P_{ÜH} = EI - es$$

Mindestübermaß

$$P_{ÜM} = G_{oB} - G_{uW}$$

$$P_{ÜM} = Es - ei$$

[1] Grenzabmaße sind in Tabellen meist in µm angegeben. Zur Berechnung von Grenzmaßen, Toleranzen und Passungen müssen sie zuerst in mm umgerechnet werden.

Statistische Auswertung (kontinuierliche Merkmale)

Strichliste (Beispiel)

Klasse Nr.	Messwert ≥	Messwert <	Strichliste	n_j	h_j in %
1	7,94	7,96	|	1	2,5
2	7,96	7,98	|||	3	7,5
6	8,04	8,06	||	2	5
			Σ =	40	100

n Anzahl der Einzelwerte
k Anzahl der Klassen
w Klassenbreite
R Spannweite
n_j absolute Häufigkeit
h_j relative Häufigkeit

Anzahl der Klassen

$$k \approx \sqrt{n}$$

Klassenbreite

$$w \approx \frac{R}{k}$$

Relative Häufigkeit

$$h_j = \frac{n_j}{n} \cdot 100\,\%$$

Gauß'sche Normalverteilung

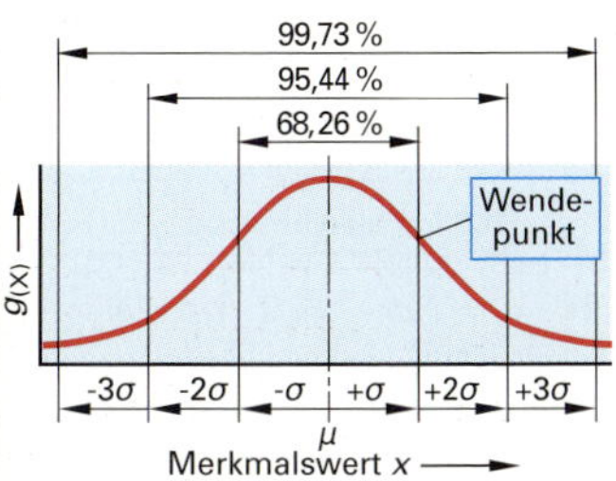

Normalverteilung in Stichproben

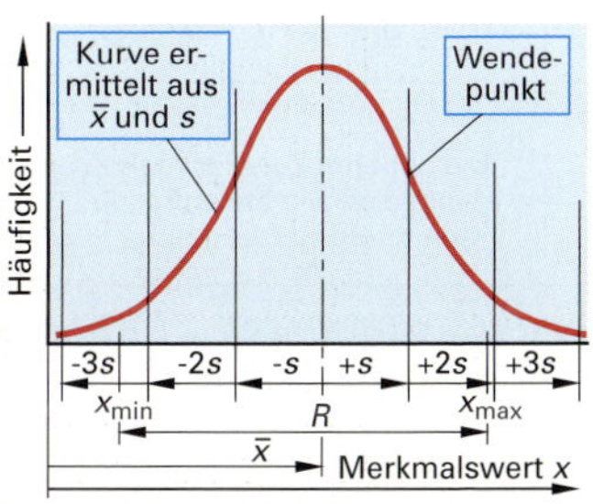

Kennwerte der Stichprobe

n Anzahl der Einzelwerte (Stichprobenumfang)
x_i Wert des messbaren Merkmals, z.B. Einzelwert
x_{max} größter Messwert
x_{min} kleinster Messwert
$\bar{x}$ Arithmetischer Mittelwert
$\tilde{x}$ Medianwert (Zentralwert), mittlerer Wert der nach Größe geordneten Messwerte
s Standardabweichung
R Spannweite
D Modalwert (häufigster Messwert einer Messreihe)
$g_{(x)}$ Wahrscheinlichkeitsdichte

Kennwerte bei Auswertung mehrerer Stichproben

m Anzahl der Stichproben
$\bar{R}$ mittlere Spannweite
$\bar{\bar{x}}$ Gesamtmittelwert
$\bar{s}$ Mittelwert der Standardabweichungen

Kennwerte der Grundgesamtheit

$\hat{\mu}$ geschätzter Prozessmittelwert
$\hat{\sigma}$ geschätzte Prozessstandardabweichung

Arithmethischer Mittelwert

$$\bar{x} = \frac{x_1 + x_2 + \ldots + x_n}{n}$$

Standardabweichung

$$s = \sqrt{\frac{\Sigma\,(x_i - \bar{x})^2}{n-1}}$$

Spannweite

$$R = x_{max} - x_{min}$$

Mittlere Spannweite

$$\bar{R} = \frac{R_1 + R_2 + \ldots + R_m}{m}$$

Gesamtmittelwert

$$\bar{\bar{x}} = \frac{\bar{x}_1 + \bar{x}_2 + \ldots + \bar{x}_m}{m}$$

Mittelwert der Standardabweichungen

$$\bar{s} = \frac{s_1 + s_2 + \ldots + s_m}{m}$$

Qualitätsfähigkeit von Prozessen

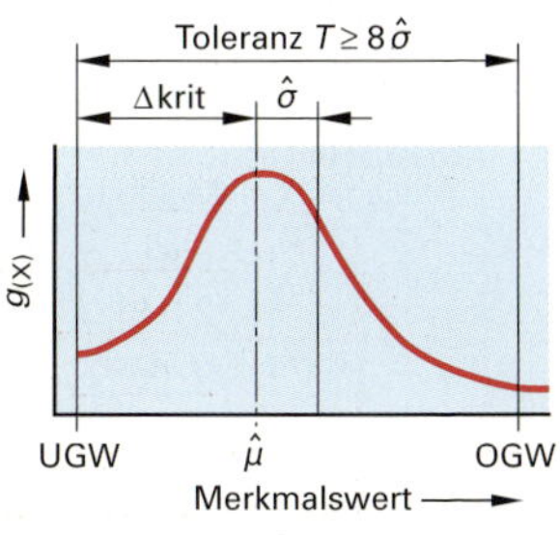

UGW unterer Grenzwert
OGW oberer Grenzwert
$\hat{\sigma}$ geschätzte Standardabweichung
$\hat{\mu}$ geschätzter Mittelwert
Δkrit kleinster Abstand zwischen Mittelwert und Toleranzgrenze
C_m, C_{mk} Maschinenfähigkeitsindex
C_p, C_{pk} Prozessfähigkeitsindex

Nachweise: Maschinenfähigkeit

$$C_m = \frac{T}{6 \cdot \hat{\sigma}} \geq 1{,}33$$

$$C_{mk} = \frac{\Delta\text{krit}}{3 \cdot \hat{\sigma}} \geq 1{,}0$$

Prozessfähigkeit

$$C_p = \frac{T}{6 \cdot \hat{\sigma}} \geq 1{,}33$$

$$C_{pk} = \frac{\Delta\text{krit}}{3 \cdot \hat{\sigma}} \geq 1{,}0$$

Stirnräder mit Geradverzahnung

m	Modul	mm
p	Teilung	mm
z	Zähnezahl	–
h	Zahnhöhe	mm
h_f	Zahnfußhöhe	mm
h_a	Zahnkopfhöhe	mm
d	Teilkreisdurchmesser	mm
d_a	Kopfkreisdurchmesser	mm
d_f	Fußkreisdurchmesser	mm
c	Kopfspiel	mm

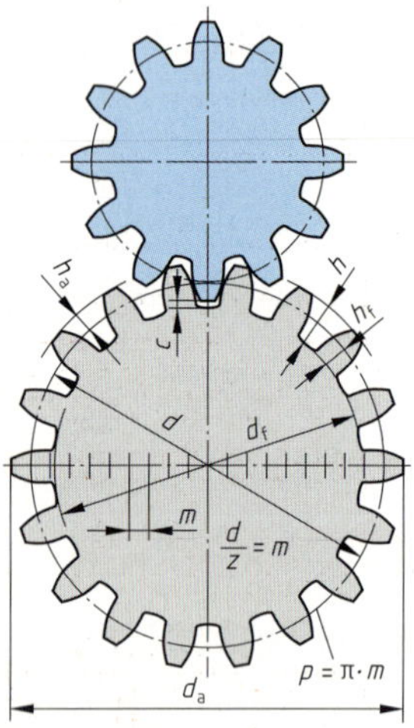

Maße außenverzahnter Stirnräder

Modul

$$m = \frac{p}{\pi} \qquad m = \frac{d}{z}$$

Zähnezahl

$$z = \frac{d}{m} \qquad z = \frac{d_a - 2 \cdot m}{m}$$

Teilung

$$p = \pi \cdot m$$

Zahnkopfhöhe

$$h_a = m$$

Zahnhöhe

$$h = 2 \cdot m + c$$

Zahnfußhöhe

$$h_f = m + c$$

Kopfspiel

$c = 0{,}1 \cdot m$ bis $0{,}3 \cdot m$
häufig $c = 0{,}167 \cdot m$

Teilkreisdurchmesser

$$d = m \cdot z \qquad d = \frac{z \cdot p}{\pi}$$

Kopfkreisdurchmesser

$$d_a = d + 2 \cdot m \qquad d_a = m \cdot (z + 2)$$

Fußkreisdurchmesser

$$d_f = d - 2 \cdot (m + c)$$

Maße innenverzahnter Stirnräder

Kopfkreisdurchmesser

$$d_a = d - 2 \cdot m \qquad d_a = m \cdot (z - 2)$$

Fußkreisdurchmesser

$$d_f = d + 2 \cdot (m + c)$$

Zähnezahl

$$z = \frac{d}{m} \qquad z = \frac{d_a + 2 \cdot m}{m}$$

Die anderen Zahnradmaße werden gleich wie bei außenverzahnten Stirnrädern berechnet.

Achsabstand

Außenliegendes Gegenrad

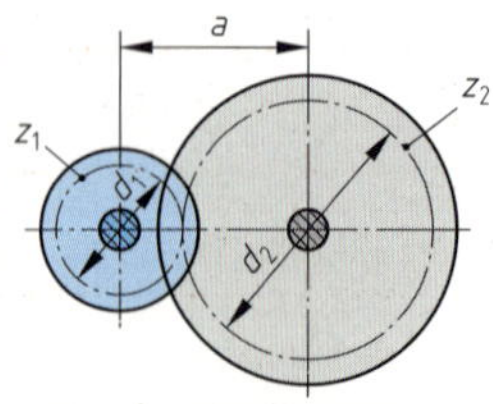

Innenliegendes Gegenrad

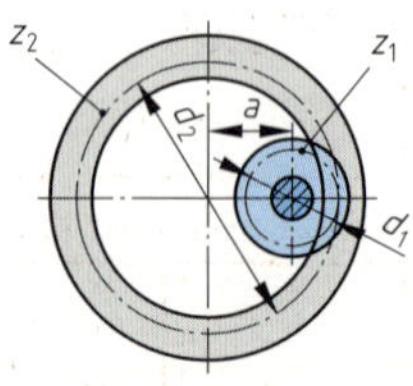

a	Achsabstand	mm
d_1, d_2	Teilkreisdurchmesser	mm
z_1, z_2	Zähnezahlen	–

Achsabstand bei außenliegendem Gegenrad

$$a = \frac{d_1 + d_2}{2}$$

$$a = \frac{m \cdot (z_1 + z_2)}{2}$$

Achsabstand bei innenliegendem Gegenrad

$$a = \frac{d_2 - d_1}{2}$$

$$a = \frac{m \cdot (z_2 - z_1)}{2}$$

Riementrieb

Einfache Übersetzung

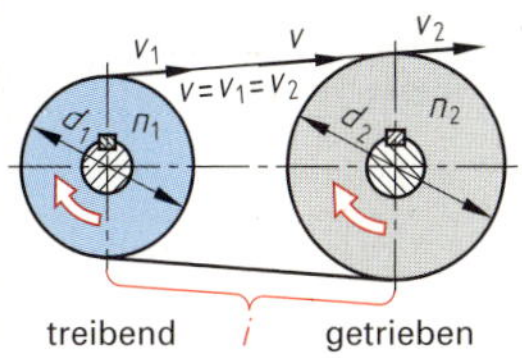

Mehrfache Übersetzung

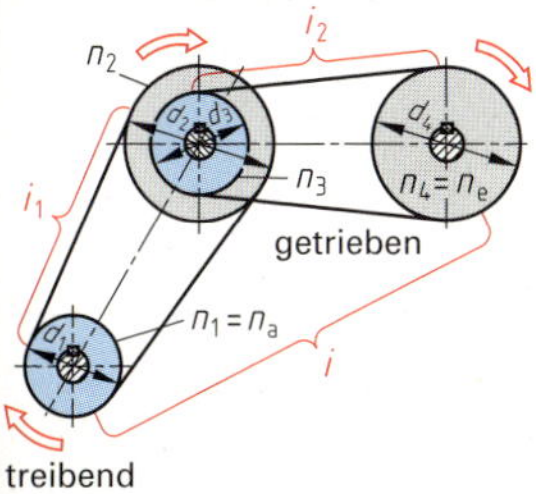

Treibende Scheiben

d_1, d_3, d_5 ...	Durchmesser	mm
n_1, n_3, n_5 ...	Drehzahlen	1/min
n_a	Anfangsdrehzahl	1/min

Getriebene Scheiben

d_2, d_4, d_6 ...	Durchmesser	mm
n_2, n_4, n_6 ...	Drehzahlen	1/min
n_e	Enddrehzahl	1/min

Für gesamten Antrieb

i	Gesamtübersetzungsverhältnis	–
i_1, i_2, i_3 ...	Einzelübersetzungsverhältnisse	–
v, v_1, v_2	Umfangsgeschwindigkeiten	m/min

Berechnung der Umfangsgeschwindigkeiten Seite 18

Geschwindigkeit

$$v = v_1 = v_2$$

Antriebsformel

$$n_1 \cdot d_1 = n_2 \cdot d_2$$

Übersetzungsverhältnis

$$i = \frac{d_2}{d_1} \qquad i = \frac{n_1}{n_2} \qquad i = \frac{n_a}{n_e}$$

Gesamtübersetzungsverhältnis

$$i = \frac{d_2 \cdot d_4 \cdot d_6 \ldots}{d_1 \cdot d_3 \cdot d_5 \ldots}$$

$$i = i_1 \cdot i_2 \cdot i_3 \ldots$$

Zahnradtrieb

Einfache Übersetzung

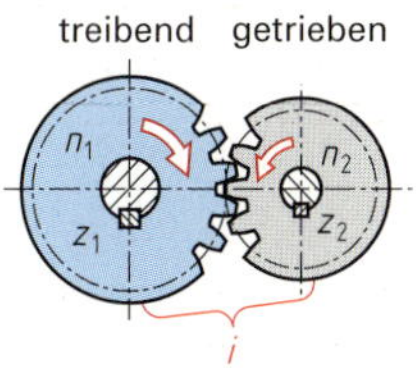

Mehrfache Übersetzung

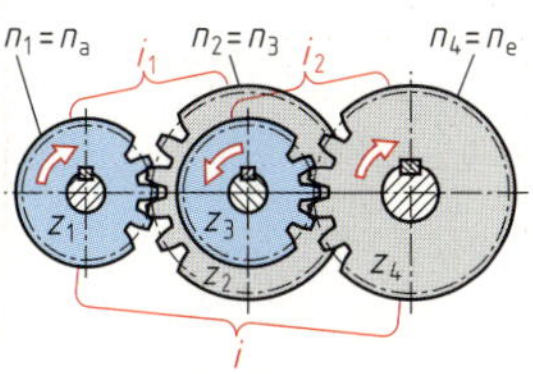

Treibende Räder

z_1, z_3, z_5 ...	Zähnezahlen	–
n_1, n_3, n_5 ...	Drehzahlen	1/min
n_a	Anfangsdrehzahl	1/min

Getriebene Räder

z_2, z_4, z_6 ...	Zähnezahlen	–
n_2, n_4, n_6 ...	Drehzahlen	1/min
n_e	Enddrehzahl	1/min

Für gesamten Antrieb

i	Gesamtübersetzungsverhältnis	–
i_1, i_2, i_3 ...	Einzelübersetzungsverhältnisse	–

Antriebsformel

$$n_1 \cdot z_1 = n_2 \cdot z_2$$

Übersetzungsverhältnis

$$i = \frac{z_2}{z_1} \qquad i = \frac{n_1}{n_2} \qquad i = \frac{n_a}{n_e}$$

Gesamtübersetzungsverhältnis

$$i = \frac{z_2 \cdot z_4 \cdot z_6 \ldots}{z_1 \cdot z_3 \cdot z_5 \ldots}$$

$$i = i_1 \cdot i_2 \cdot i_3 \ldots$$

Schneckentrieb

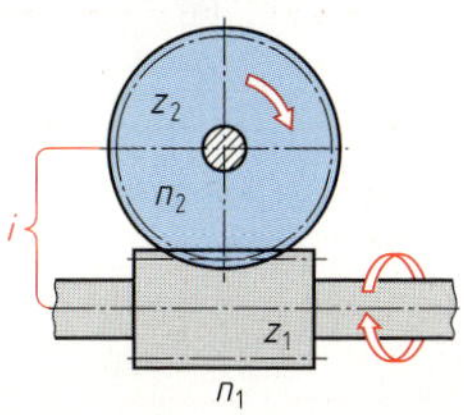

z_1	Zähnezahl (Gangzahl) der Schnecke	–
n_1	Drehzahl der Schnecke	1/min
z_2	Zähnezahl des Schneckenrades	–
n_2	Drehzahl des Schneckenrades	1/min
i	Übersetzungsverhältnis	–

Antriebsformel

$$n_1 \cdot z_1 = n_2 \cdot z_2$$

Übersetzungsverhältnis

$$i = \frac{n_1}{n_2} \qquad i = \frac{z_2}{z_1}$$

Kegelberechnungen, Kegeldrehen durch Einstellen des Oberschlittens

α	Kegelwinkel	°
$\frac{\alpha}{2}$	Kegelerzeugungswinkel, Einstellwinkel	°
C	Kegelverjüngung, Kegelverhältnis	–
$1:x$	Kegelverjüngung, Kegelverhältnis	–
$\frac{C}{2}$	Kegelneigung	–
D	großer Kegeldurchmesser	mm
d	kleiner Kegeldurchmesser	mm
L	Kegellänge	mm

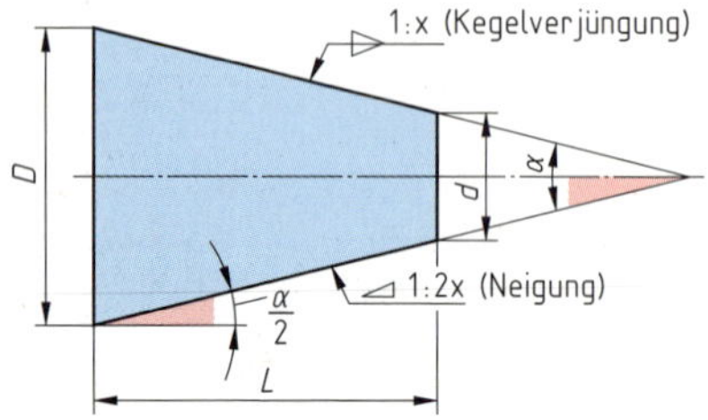

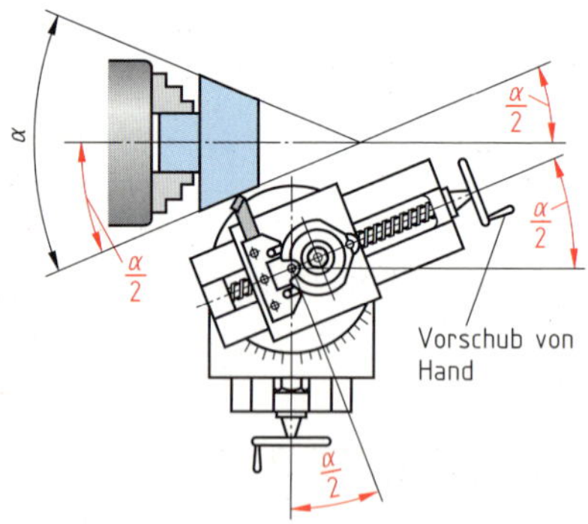

Kegel 1: *x* bedeutet:
Auf eine Kegellänge von *x* mm ändert sich der Kegeldurchmesser um 1 mm.

Kegelerzeugungswinkel

$$\tan\frac{\alpha}{2} = \frac{D-d}{2 \cdot L}$$

$$\tan\frac{\alpha}{2} = \frac{C}{2}$$

$$D = 2 \cdot L \cdot \tan\frac{\alpha}{2} + d$$

$$d = D - 2 \cdot L \cdot \tan\frac{\alpha}{2}$$

Kegelverjüngung

$$C = \frac{D-d}{L}$$

$$C = 1 : x$$

$$D = L \cdot C + d$$

$$d = D - L \cdot C$$

Kegeldrehen durch Verstellen des Reitstockes

V_R	Reitstockverstellung	mm
C	Kegelverjüngung	–
L_W	Werkstücklänge	mm
$V_{R\,max}$	maximale Reitstockverstellung	mm
D	großer Kegeldurchmesser	mm
d	kleiner Kegeldurchmesser	mm
L	Kegellänge	mm

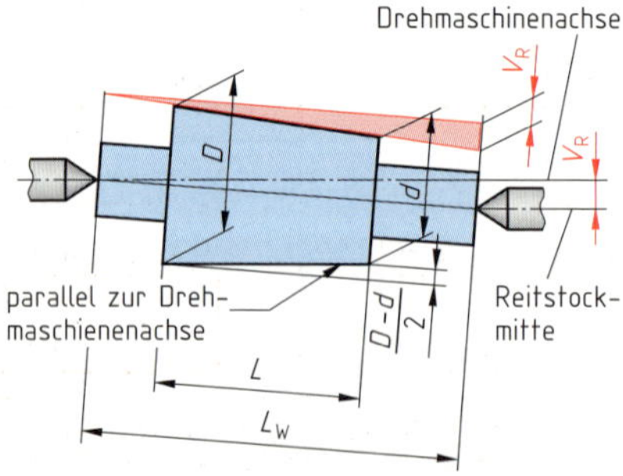

Reitstockverstellung

$$V_R = \frac{C}{2} \cdot L_W$$

$$V_R = \frac{D-d}{2} \cdot \frac{L_W}{L}$$

$$D = \frac{2 \cdot V_R \cdot L}{L_W} + d$$

$$d = D - \frac{2 \cdot V_R \cdot L}{L_W}$$

Maximale Reitstockverstellung

$$V_{R\,max} \leq \frac{L_W}{50}$$

Längs-Runddrehen mit konstanter Drehzahl

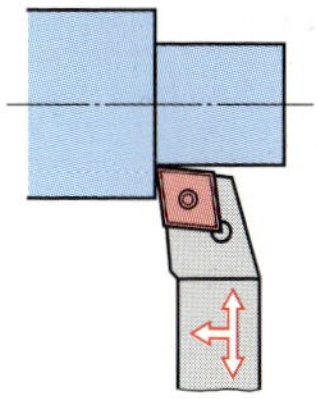

t_h	Hauptnutzungszeit	min
L	Vorschubweg	mm
i	Anzahl der Schnitte	–
n	Drehzahl	1/min
f	Vorschub	mm
v_c	Schnittgeschwindigkeit	m/min
d	Außendurchmesser	m
l_a	Anlauf	mm
l_u	Überlauf	mm

Hauptnutzungszeit

$$t_h = \frac{L \cdot i}{n \cdot f}$$

Drehzahl

$$n = \frac{v_c}{\pi \cdot d}$$

Berechnung des Vorschubweges L

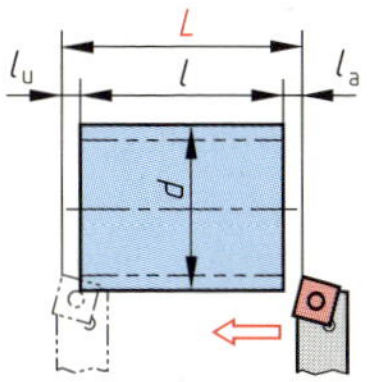

Vorschubweg ohne Ansatz

$$L = l + l_a + l_u$$

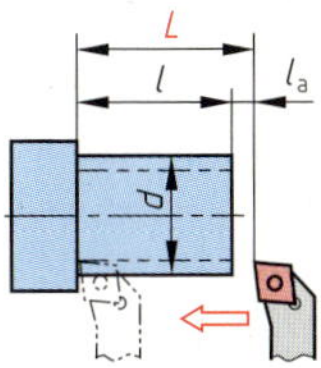

Vorschubweg mit Ansatz

$$L = l + l_a$$

Quer-Plandrehen mit konstanter Drehzahl

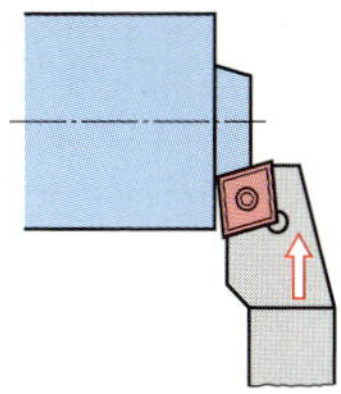

t_h	Hauptnutzungszeit	min
L	Vorschubweg	mm
i	Anzahl der Schnitte	–
n	Drehzahl	1/min
f	Vorschub	mm
v_c	Schnittgeschwindigkeit	m/min
d	Außendurchmesser	mm
d_m	mittlerer Durchmesser[1]	m (mm)
l_a	Anlauf	mm
l_u	Überlauf	mm

Hauptnutzungszeit

$$t_h = \frac{L \cdot i}{n \cdot f}$$

Drehzahl

$$n = \frac{v_c}{\pi \cdot d_m}$$

Berechnung des Vorschubweges L und des mittleren Durchmessers d_m

Vollzylinder ohne Ansatz

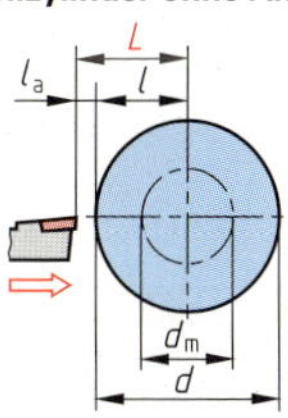

Vorschubweg

$$L = \frac{d}{2} + l_a$$

Mittlerer Durchmesser[1]

$$d_m = \frac{d}{2}$$

Vollzylinder mit Ansatz

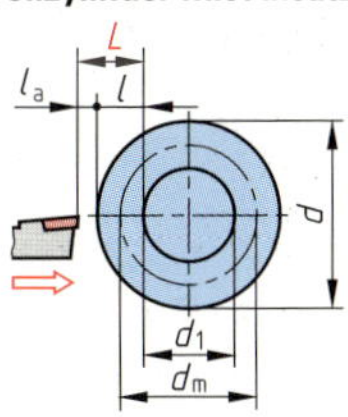

Vorschubweg

$$L = \frac{d - d_1}{2} + l_a$$

Mittlerer Durchmesser[1]

$$d_m = \frac{d + d_1}{2}$$

Hohlzylinder

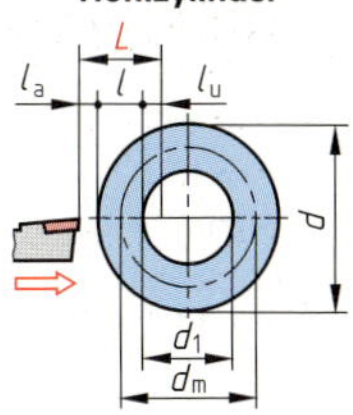

Vorschubweg

$$L = \frac{d - d_1}{2} + l_a + l_u$$

Mittlerer Durchmesser[1]

$$d_m = \frac{d + d_1}{2}$$

[1] Die Verwendung vom mittleren Durchmesser führt zu höheren Schnittgeschwindigkeiten. Damit ist garantiert, dass bei kleineren Durchmessern im Innenbereich noch annehmbare Schnittgeschwindigkeiten herrschen.

Berechnung der Hauptnutzungszeit t_h beim Bohren, Reiben, Senken und Gewindebohren

t_h	Hauptnutzungszeit	min	i	Anzahl der Bohrungen	–
d	Werkzeugdurchmesser	m (mm)	n	Drehzahl	1/min
l	Bohrungstiefe	mm	f	Vorschub je Umdrehung	mm
l_a	Anlauf	mm	v_c	Schnittgeschwindigkeit	m/min
l_u	Überlauf	mm	σ	Spitzenwinkel	°
l_s	Anschnitt	mm	P	Steigung	mm
L	Vorschubweg	mm	g	Gangzahl	–

Hauptnutzungszeit

$$t_h = \frac{L \cdot i}{n \cdot f}$$

Drehzahl

$$n = \frac{v_c}{\pi \cdot d}$$

Berechnung des Vorschubweges L und des Anschnittes l_s

Durchgangsbohrung beim Bohren und Reiben

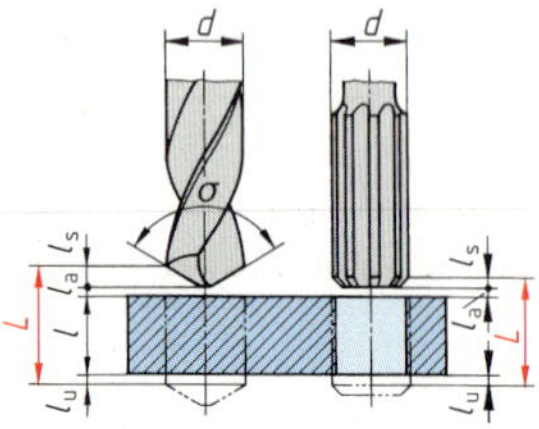

Vorschubweg

$$L = l + l_s + l_a + l_u$$

Anschnitt

$$l_s = \frac{d}{2 \cdot \tan \frac{\sigma}{2}}$$

Anschnitt für Bohrertyp N

$$l_s \approx 0{,}3 \cdot d$$

Grundlochbohrung beim Bohren und Reiben

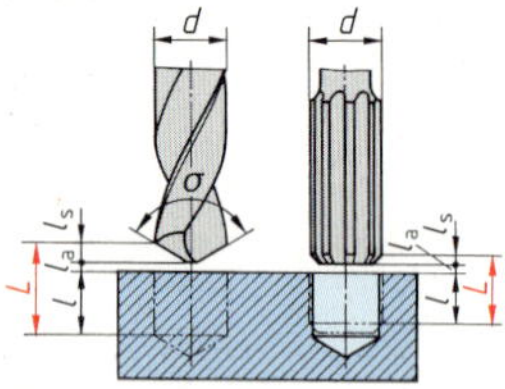

Vorschubweg

$$L = l + l_s + l_a$$

Anschnitt

$$l_s = \frac{d}{2 \cdot \tan \frac{\sigma}{2}}$$

Senken

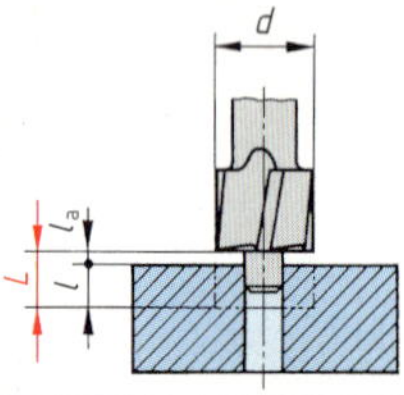

Vorschubweg

$$L = l + l_a$$

Durchgangsgewinde

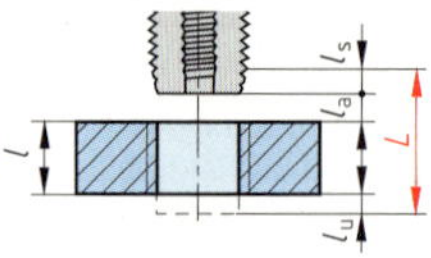

Vorschubweg

$$L = l + l_s + l_a + l_u$$

Anschnitt

$$l_s = g \cdot P$$

Grundlochgewinde

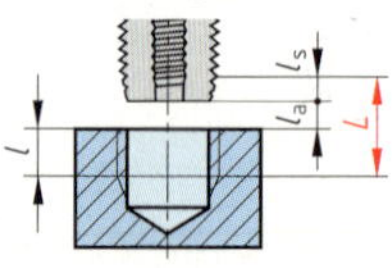

Vorschubweg

$$L = l + l_s + l_a$$

Anschnitt

$$l_s = g \cdot P$$

Berechnung von Hauptnutzungszeit t_h, Vorschubgeschwindigkeit v_f, Vorschub f, Drehzahl n

t_h	Hauptnutzungszeit	min	d	Fräserdurchmesser	m (mm)
L	Vorschubweg	mm	a	Spanungstiefe	mm
i	Anzahl der Schnitte	–	f	Vorschub je Fräserumdrehung	mm
v_f	Vorschubgeschwindigkeit	mm/min	f_z	Vorschub je Fräserzahn	mm
l	Werkstücklänge	mm	z	Zähnezahl des Fräsers	–
l_a	Anlauf	mm	v_c	Schnittgeschwindigkeit	m/min
l_u	Überlauf	mm	n	Drehzahl des Fräsers	1/min
l_s	Anschnitt	mm	b	Werkstückbreite	mm

Hauptnutzungszeit

$$t_h = \frac{L \cdot i}{v_f}$$

Vorschubgeschwindigkeit

$$v_f = n \cdot f$$

Vorschub

$$f = f_z \cdot z$$

Drehzahl

$$n = \frac{v_c}{\pi \cdot d}$$

Berechnung von Vorschubweg L und Anschnitt l_s

Umfangs-Planfräsen

Walzenfräser

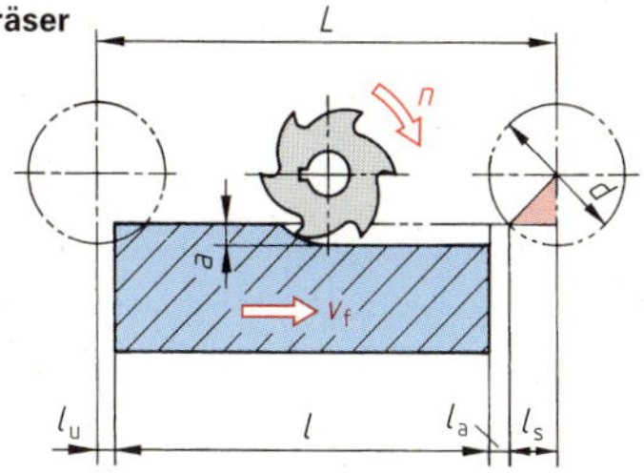

Vorschubweg beim Schruppen oder Schlichten

$$L = l + l_s + l_a + l_u$$

Anschnitt beim Schruppen oder Schlichten

$$l_s = \sqrt{d \cdot a - a^2}$$

Stirnumfangs-Planfräsen

Scheibenfräser, Walzenstirnfräser

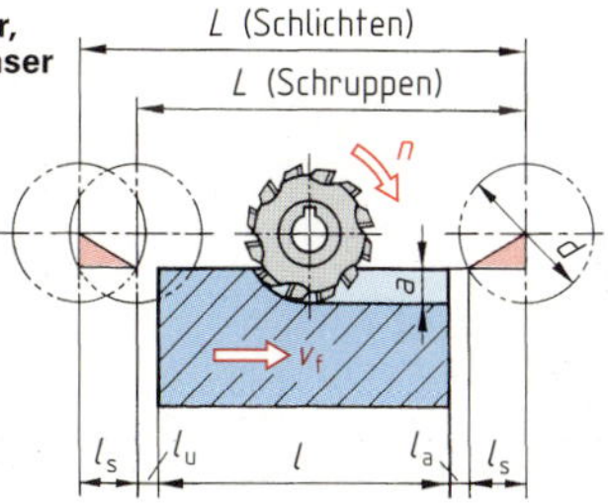

Vorschubweg beim Schruppen

$$L = l + l_s + l_a + l_u$$

Vorschubweg beim Schlichten

$$L = l + 2 \cdot l_s + l_a + l_u$$

Anschnitt beim Schruppen oder Schlichten

$$l_s = \sqrt{d \cdot a - a^2}$$

Stirn-Planfräsen (mittig)

Walzenstirnfräser

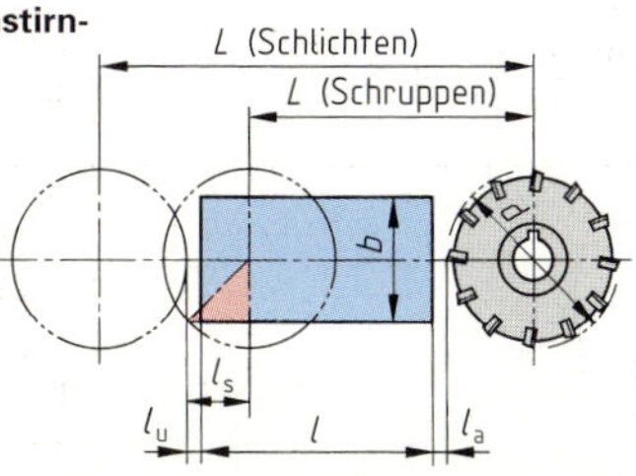

Vorschubweg beim Schruppen

$$L = l + \frac{d}{2} - l_s + l_a + l_u$$

Anschnitt beim Schruppen

$$l_s = 0{,}5 \cdot \sqrt{d^2 - b^2}$$

Vorschubweg beim Schlichten

$$L = l + d + l_a + l_u$$

Spezifische Schnittkraft

k_c	spezifische Schnittkraft	N/mm²
k	Tabellenwert für die spezifische Schnittkraft	N/mm²
$k_{c1.1}$	Hauptwert der spezifischen Schnittkraft	N/mm²
m_c	Werkstoffkonstante	–
h	Spanungsdicke	mm
h^{mc}	Spanungsdickenfaktor	–
C_1	Korrekturfaktor für die Schnittgeschwindigkeit	–
C_2	Korrekturfaktor für das Fertigungsverfahren	–
f	Vorschub	mm
$\varkappa$	Einstellwinkel am Drehwerkzeug	°
σ	Spitzenwinkel am Bohrer	°

Spezifische Schnittkraft

$$k_c = k \cdot C_1 \cdot C_2$$

$$k_c = \frac{k_{c1.1}}{h^{mc}} \cdot C_1 \cdot C_2$$

Spanungsdicke beim Drehen

$$h = f \cdot \sin \varkappa$$

Spanungsdicke beim Bohren

$$h = f \cdot \sin \frac{\sigma}{2}$$

Drehen

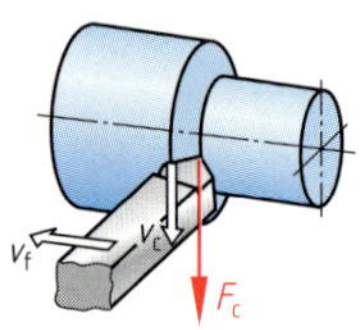

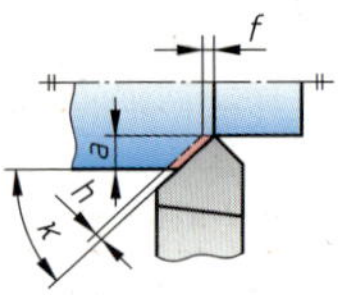

F_c	Schnittkraft	N	v_c	Schnittgeschwindigkeit	m/min
A	Spanungsquerschnitt	mm²	k_c	spezifische Schnittkraft	N/mm²
a	Spanungstiefe	mm	Q	Zeitspanungsvolumen	cm³/min
f	Vorschub	mm	P_c	Schnittleistung	W
k_c	spezifische Schnittkraft	N/mm²			

Schnittkraft

$$F_c = A \cdot k_c$$

Spanungsquerschnitt

$$A = a \cdot f$$

Zeitspanungsvolumen

$$Q = A \cdot v_c \qquad Q = a \cdot f \cdot v_c$$

In die Formeln einsetzen:
A in cm²; v_c in cm/min

Schnittleistung

$$P_c = F_c \cdot v_c \qquad P_c = Q \cdot k_c$$

In die Formeln einsetzen:
v_c in m/s; Q in m³/s; k_c in N/m²

$$1\,\frac{N}{mm^2} = 10^6\,\frac{N}{m^2} \qquad 1\,\frac{cm^3}{min} = 1{,}67 \cdot 10^{-8}\,\frac{m^3}{s} \qquad 1\,kW = 1000\,\frac{N \cdot m}{s}$$

Bohren

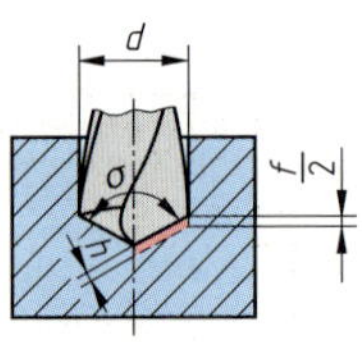

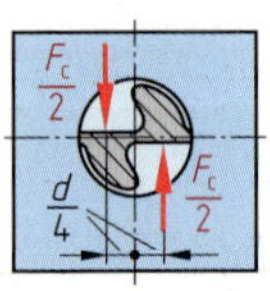

F_c	Schnittkraft	N	v_c	Schnittgeschwindigkeit	m/min
A	Spanungsquerschnitt	mm²	M_c	Schnittmoment	N·m
d	Bohrerdurchmesser	mm	Q	Zeitspanungsvolumen	cm³/min
f	Vorschub je Umdrehung	mm	P_c	Schnittleistung	W
k_c	spezifische Schnittkraft	N/mm²			

Schnittkraft

$$F_c = A \cdot k_c$$

Spanungsquerschnitt

$$A = \frac{d \cdot f}{2}$$

Zeitspanungsvolumen

$$Q = \frac{A \cdot v_c}{2}$$

In die Formel einsetzen:
A in cm²; v_c in cm/min

Schnittleistung

$$P_c = \frac{F_c \cdot v_c}{2} \qquad P_c = Q \cdot k_c$$

In die Formeln einsetzen:
v_c in m/s; Q in m³/s; k_c in N/m²

$$1\,\frac{N}{mm^2} = 10^6\,\frac{N}{m^2} \qquad 1\,\frac{cm^3}{min} = 1{,}67 \cdot 10^{-8}\,\frac{m^3}{s} \qquad 1\,kW = 1000\,\frac{N \cdot m}{s}$$

Direktes Teilen

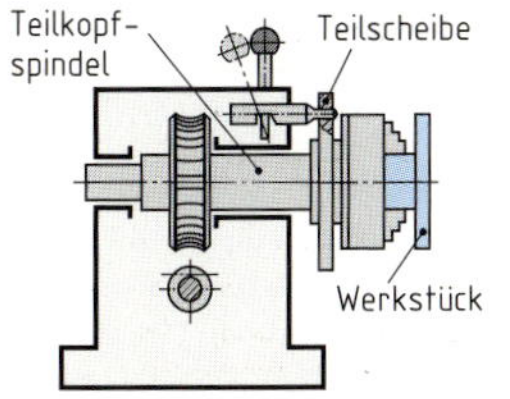

T	Teilzahl	–
α	Winkelteilung	°
n_L	Anzahl der Löcher der Teilscheibe	–
n_l	Teilschritt; Anzahl der weiterzuschaltenden Lochabstände	–

Teilschritt

$$n_l = \frac{n_L}{T}$$

$$n_l = \frac{\alpha \cdot n_L}{360°}$$

$$\alpha = \frac{n_l \cdot 360°}{n_L}$$

Indirektes Teilen

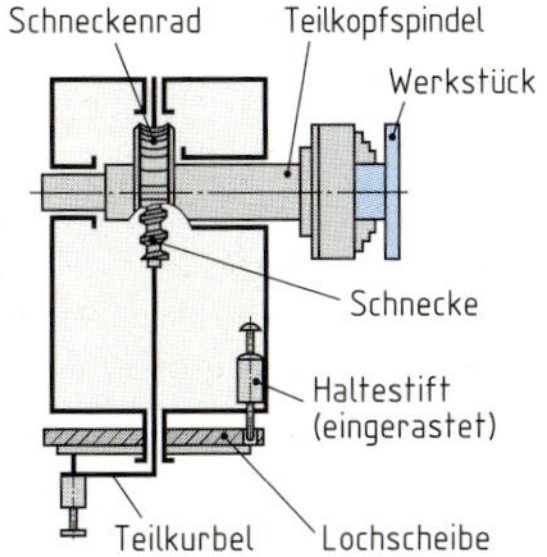

T	Teilzahl	–
α	Winkelteilung	°
i	Übersetzungsverhältnis des Teilkopfs	–
n_K	Teilschritt; Anzahl der Teilkurbelumdrehungen für eine Teilung	–

Lochkreise der Teilscheiben

15 16 17 18 19 20 21 23 27 29 31 33
37 39 41 43 47 49

oder

17 19 23 24 26 27 28 29 30 31 33 37
39 41 42 43 47 49 51 53 57 59 61 63

Teilschritt

$$n_K = \frac{i}{T}$$

$$n_K = \frac{i \cdot \alpha}{360°}$$

$$\alpha = \frac{n_K \cdot 360°}{i}$$

Ausgleichsteilen (Differenzialteilen)

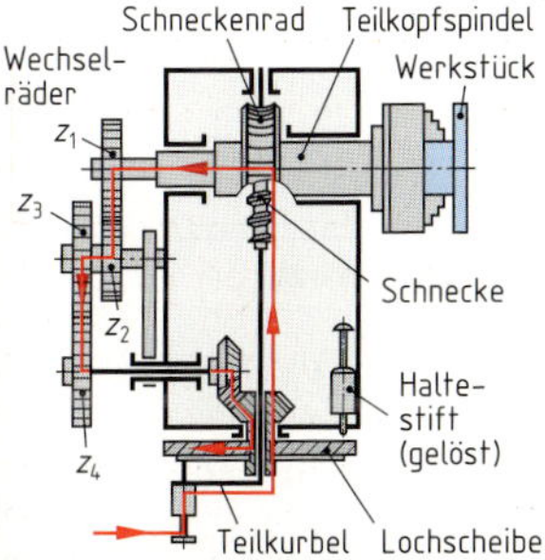

T	Teilung	–
T'	Hilfsteilzahl	–
i	Übersetzungsverhältnis des Teilkopfes	–
n_K	Teilschritt; Anzahl der Teilkurbelumdrehungen für eine Teilung	–
z_t	Zähnezahlen der treibenden Räder (z_1, z_3)	–
z_g	Zähnezahlen der getriebenen Räder (z_2, z_4)	–

Zähnezahlen der Wechselräder

24 24 28 32 36 40 44 48
56 64 72 80 84 86 96 100

Teilschritt

$$n_K = \frac{i}{T'}$$

Wechselräder

$$\frac{z_t}{z_g} = \frac{i}{T'} \cdot (T' - T)$$

Wendelnutenfräsen

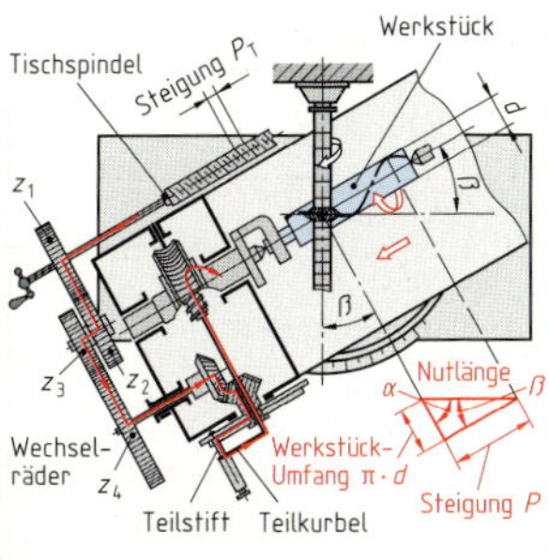

α	Steigungswinkel	°
β	Einstellwinkel	°
P	Steigung der Wendel	mm
P_T	Steigung der Tischspindel	mm
i	Übersetzungsverhältnis des Schneckentriebes	–
i_1	Übersetzungsverhältnis der Kegelräder	–
z_t	Zähnezahlen der treibenden Räder (z_1, z_3)	–
z_g	Zähnezahlen der getriebenen Räder (z_2, z_4)	–

Steigungswinkel

$$\tan \alpha = \frac{P}{\pi \cdot d}$$

$$P = \pi \cdot d \cdot \tan \alpha$$

Einstellwinkel

$$\beta = 90° - \alpha$$

Wechselräder

$$\frac{z_t}{z_g} = \frac{P_T \cdot i \cdot i_1}{P}$$

Druck

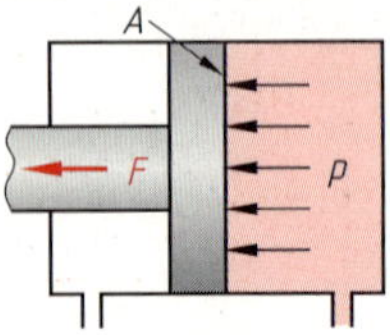

p	Druck	N/cm²
F	Kolbenkraft	N
A	Kolbenfläche	cm²

$$1\ \text{bar} = 10\ \frac{\text{N}}{\text{cm}^2} = 1000\ \frac{\text{N}}{\text{dm}^2} = 100\,000\ \text{Pa}$$

$$1\ \text{Pa} = 1\ \frac{\text{N}}{\text{m}^2} = 10^{-5}\ \text{bar}$$

Druck

$$p = \frac{F}{A}$$

$$F = p \cdot A \qquad A = \frac{F}{p}$$

Überdruck, Luftdruck, absoluter Druck

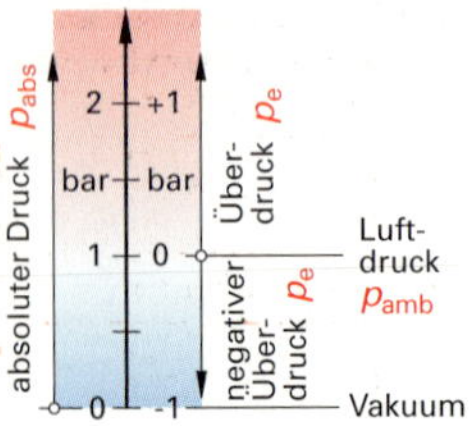

p_e	Überdruck	bar
p_{abs}	absoluter Druck	bar
p_{amb}	Luftdruck	bar

$p_{amb} \approx 1$ bar

Überdruck

$$p_e = p_{abs} - p_{amb}$$

$$p_{abs} = p_e + p_{amb}$$

$$p_{amb} = p_{abs} - p_e$$

Hydrostatischer Druck

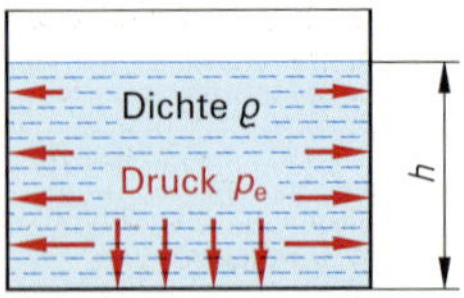

p_e	hydrostatischer Druck	N/dm²
ϱ	Dichte der Flüssigkeit	kg/dm³
g	Fallbeschleunigung	m/s²
h	Flüssigkeitstiefe	dm

$$1\ \frac{\text{N}}{\text{m}^2} = 0{,}01\ \frac{\text{N}}{\text{dm}^2} = 1\ \text{Pa} = 10^{-5}\ \text{bar}$$

$$1\ \frac{\text{g}}{\text{cm}^3} = 1\ \frac{\text{kg}}{\text{dm}^3} = 1\ \frac{\text{t}}{\text{m}^3}$$

hydrostatischer Druck

$$p_e = g \cdot \varrho \cdot h$$

$$h = \frac{p_e}{g \cdot \varrho}$$

Auftrieb in Flüssigkeiten

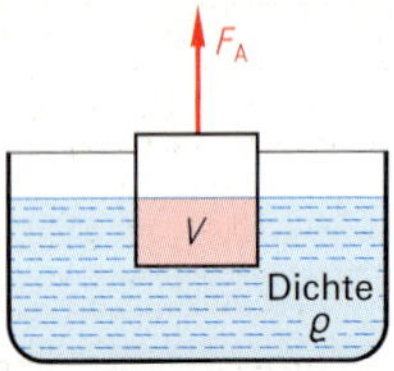

F_A	Auftriebskraft	N
ϱ	Dichte der Flüssigkeit	kg/dm³
g	Fallbeschleunigung	m/s²
V	Eintauchvolumen	dm³, l

$$1\ \frac{\text{g}}{\text{cm}^3} = 1\ \frac{\text{kg}}{\text{dm}^3} = 1\ \frac{\text{t}}{\text{m}^3}$$

Auftriebskraft

$$F_A = g \cdot \varrho \cdot V$$

$$V = \frac{F_A}{g \cdot \varrho}$$

Luftverbrauch pneumatischer Zylinder

Einfachwirkender Zylinder (EZ)

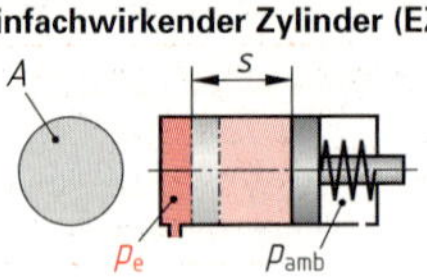

Doppeltwirkender Zylinder (DZ)

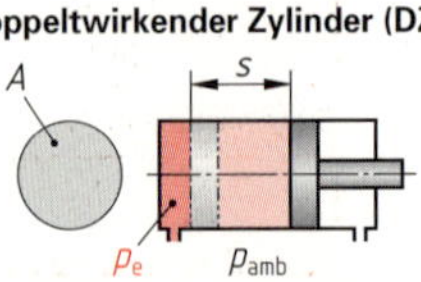

Q	Luftverbrauch	l/min
p_e	Überdruck	bar
p_{amb}	Luftdruck	bar
s	Kolbenhub	dm
n	Hubzahl	1/min
A	Kolbenfläche	dm²
q	spezifischer Luftverbrauch je dm Kolbenhub	l/dm

$$1\ \text{bar} = 1000\ \frac{\text{N}}{\text{dm}^2} \qquad 1\ \frac{\text{N}}{\text{dm}^2} = 0{,}001\ \text{bar}$$

$$1\ \frac{\text{l}}{\text{min}} = 1\ \frac{\text{dm}^3}{\text{min}} = 1000\ \frac{\text{cm}^3}{\text{min}}$$

Luftverbrauch (EZ)

$$Q = A \cdot s \cdot n \cdot \frac{p_e + p_{amb}}{p_{amb}}$$

$$Q = q \cdot s \cdot n$$

Luftverbrauch (DZ)

$$Q \approx 2 \cdot A \cdot s \cdot n \cdot \frac{p_e + p_{amb}}{p_{amb}}$$

$$Q \approx 2 \cdot q \cdot s \cdot n$$

Durchflussgeschwindigkeiten

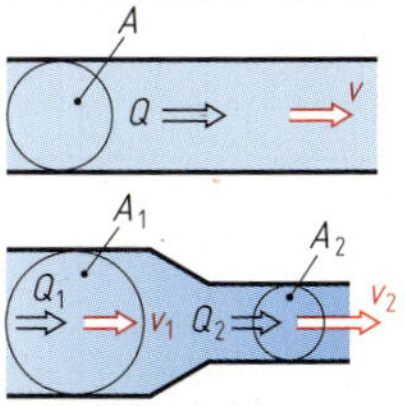

Q, Q_1, Q_2	Volumenströme	l/min = dm^3/min
A, A_1, A_2	Querschnittsflächen	dm^2
v, v_1, v_2	Durchflussgeschwindigkeiten	dm/min

Volumenstrom

$$Q = A \cdot v$$

Verhältnis der Durchflussgeschwindigkeiten

$$\frac{v_1}{v_2} = \frac{A_2}{A_1}$$

Geschwindigkeiten von Hydraulikkolben

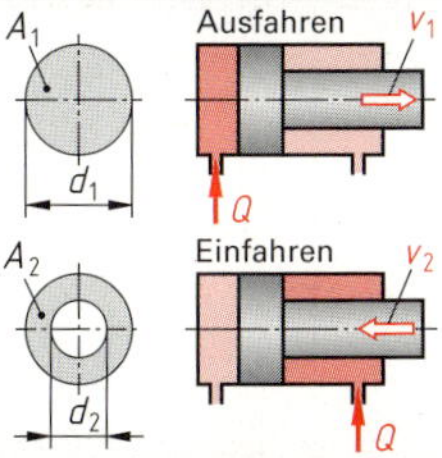

Q	Volumenstrom	l/min = dm^3/min
A_1, A_2	wirksame Kolbenflächen	dm^2
v_1, v_2	Kolbengeschwindigkeiten	dm/min

Kolbengeschwindigkeit beim Ausfahren

$$v_1 = \frac{Q}{A_1}$$

beim Einfahren

$$v_2 = \frac{Q}{A_2}$$

Kolbenkräfte

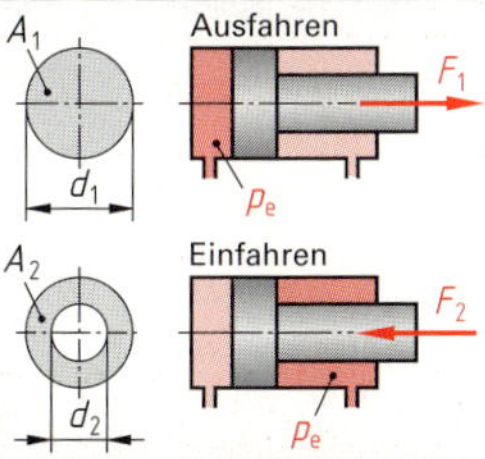

p_e	Überdruck	N/cm^2
A_1, A_2	wirksame Kolbenflächen	cm^2
F_1, F_2	wirksame Kolbenkräfte	N
η	Wirkungsgrad des Zylinders	–

$$1 \text{ bar} = 10 \frac{\text{N}}{\text{cm}^2} = 1000 \frac{\text{N}}{\text{dm}^2}$$

Wirksame Kolbenkraft beim Ausfahren

$$F_1 = p_e \cdot A_1 \cdot \eta$$

beim Einfahren

$$F_2 = p_e \cdot A_2 \cdot \eta$$

Hydraulische Presse

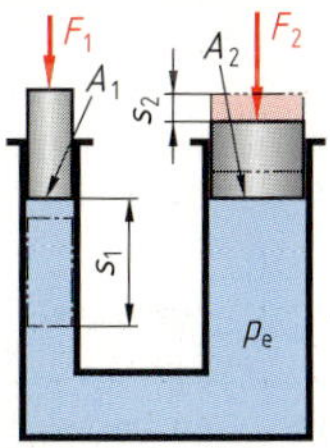

F_1	Kraft am Druckkolben	N
F_2	Kraft am Arbeitskolben	N
A_1	Fläche des Druckkolbens	cm^2
A_2	Fläche des Arbeitskolbens	cm^2
s_1	Weg des Druckkolbens	cm
s_2	Weg des Arbeitskolbens	cm
i	hydraulisches Übersetzungsverhältnis	–

Kräfte-, Flächen- und Weg-Verhältnisse

$$\frac{F_1}{F_2} = \frac{A_1}{A_2} = \frac{s_2}{s_1}$$

Übersetzungsverhältnis

$$i = \frac{F_1}{F_2} = \frac{A_1}{A_2} = \frac{s_2}{s_1}$$

Leistung von hydraulischen Pumpen und Zylindern

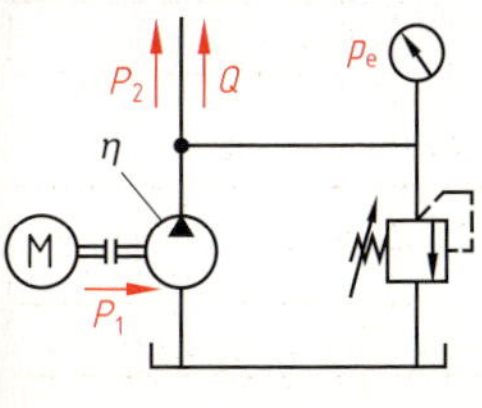

P_1	zugeführte Leistung	kW
P_2	abgegebene Leistung	kW
Q	Volumenstrom	l/min
p_e	Überdruck	bar
600	Umrechnungsfaktor	–
η	Wirkungsgrad der Pumpe	–

Abgegebene Leistung (Zahlenwertgleichung)

$$P_2 = \frac{Q \cdot p_e}{600}$$

Zugeführte Leistung

$$P_1 = \frac{P_2}{\eta}$$

Sinus 0° ... 45°

Grad ↓	Minuten → 0′	10′	20′	30′	40′	50′	60′	
0	0,0000	0,0029	0,0058	0,0087	0,0116	0,0145	0,0175	89
1	0,0175	0,0204	0,0233	0,0262	0,0291	0,0320	0,0349	88
2	0,0349	0,0378	0,0407	0,0436	0,0465	0,0494	0,0523	87
3	0,0523	0,0552	0,0581	0,0610	0,0640	0,0669	0,0698	86
4	0,0698	0,0727	0,0756	0,0785	0,0814	0,0843	0,0872	85
5	0,0872	0,0901	0,0929	0,0958	0,0987	0,1016	0,1045	84
6	0,1045	0,1074	0,1103	0,1132	0,1161	0,1190	0,1219	83
7	0,1219	0,1248	0,1276	0,1305	0,1334	0,1363	0,1392	82
8	0,1392	0,1421	0,1449	0,1478	0,1507	0,1536	0,1564	81
9	0,1564	0,1593	0,1622	0,1650	0,1679	0,1708	0,1736	**80**
10	0,1736	0,1765	0,1794	0,1822	0,1851	0,1880	0,1908	79
11	0,1908	0,1937	0,1965	0,1994	0,2022	0,2051	0,2079	78
12	0,2079	0,2108	0,2136	0,2164	0,2193	0,2221	0,2250	77
13	0,2250	0,2278	0,2306	0,2334	0,2363	0,2391	0,2419	76
14	0,2419	0,2447	0,2476	0,2504	0,2532	0,2560	0,2588	75
15	0,2588	0,2616	0,2644	0,2672	0,2700	0,2728	0,2756	74
16	0,2756	0,2784	0,2812	0,2840	0,2868	0,2896	0,2924	73
17	0,2924	0,2952	0,2979	0,3007	0,3035	0,3062	0,3090	72
18	0,3090	0,3118	0,3145	0,3173	0,3201	0,3228	0,3256	71
19	0,3256	0,3283	0,3311	0,3338	0,3365	0,3393	0,3420	**70**
20	0,3420	0,3448	0,3475	0,3502	0,3529	0,3557	0,3584	69
21	0,3584	0,3611	0,3638	0,3665	0,3692	0,3719	0,3746	68
22	0,3746	0,3773	0,3800	0,3827	0,3854	0,3881	0,3907	67
23	0,3907	0,3934	0,3961	0,3987	0,4014	0,4041	0,4067	66
24	0,4067	0,4094	0,4120	0,4147	0,4173	0,4200	0,4226	65
25	0,4226	0,4253	0,4279	0,4305	0,4331	0,4358	0,4384	64
26	0,4384	0,4410	0,4436	0,4462	0,4488	0,4514	0,4540	63
27	0,4540	0,4566	0,4592	0,4617	0,4643	0,4669	0,4695	62
28	0,4695	0,4720	0,4746	0,4772	0,4797	0,4823	0,4848	61
29	0,4848	0,4874	0,4899	0,4924	0,4950	0,4975	0,5000	**60**
30	0,5000	0,5025	0,5050	0,5075	0,5100	0,5125	0,5150	59
31	0,5150	0,5175	0,5200	0,5225	0,5250	0,5275	0,5299	58
32	0,5299	0,5324	0,5348	0,5373	0,5398	0,5422	0,5446	57
33	0,5446	0,5471	0,5495	0,5519	0,5544	0,5568	0,5592	56
34	0,5592	0,5616	0,5640	0,5664	0,5688	0,5712	0,5736	55
35	0,5736	0,5760	0,5783	0,5807	0,5831	0,5854	0,5878	54
36	0,5878	0,5901	0,5925	0,5948	0,5972	0,5995	0,6018	53
37	0,6018	0,6041	0,6065	0,6088	0,6111	0,6134	0,6157	52
38	0,6157	0,6180	0,6202	0,6225	0,6248	0,6271	0,6293	51
39	0,6293	0,6316	0,6338	0,6361	0,6383	0,6406	0,6428	**50**
40	0,6428	0,6450	0,6472	0,6494	0,6517	0,6539	0,6561	49
41	0,6561	0,6583	0,6604	0,6626	0,6648	0,6670	0,6691	48
42	0,6691	0,6713	0,6734	0,6756	0,6777	0,6799	0,6820	47
43	0,6820	0,6841	0,6862	0,6884	0,6905	0,6926	0,6947	46
44	0,6947	0,6967	0,6988	0,7009	0,7030	0,7050	0,7071	45
	60′	50′	40′	30′	20′	10′	0′ ← Minuten	Grad ↑

Cosinus 45° ... 90°

Sinus 45° ... 90°

Grad ⇩	Minuten ⇨ 0′	10′	20′	30′	40′	50′	60′	
45	0,7071	0,7092	0,7112	0,7133	0,7153	0,7173	0,7193	44
46	0,7193	0,7214	0,7234	0,7254	0,7274	0,7294	0,7314	43
47	0,7314	0,7333	0,7353	0,7373	0,7392	0,7412	0,7431	42
48	0,7431	0,7451	0,7470	0,7490	0,7509	0,7528	0,7547	41
49	0,7547	0,7566	0,7585	0,7604	0,7623	0,7642	0,7660	**40**
50	0,7660	0,7679	0,7698	0,7716	0,7735	0,7753	0,7771	39
51	0,7771	0,7790	0,7808	0,7826	0,7844	0,7862	0,7880	38
52	0,7880	0,7898	0,7916	0,7934	0,7951	0,7969	0,7986	37
53	0,7986	0,8004	0,8021	0,8039	0,8056	0,8073	0,8090	36
54	0,8090	0,8107	0,8124	0,8141	0,8158	0,8175	0,8192	35
55	0,8192	0,8208	0,8225	0,8241	0,8258	0,8274	0,8290	34
56	0,8290	0,8307	0,8323	0,8339	0,8355	0,8371	0,8387	33
57	0,8387	0,8403	0,8418	0,8434	0,8450	0,8465	0,8480	32
58	0,8480	0,8496	0,8511	0,8526	0,8542	0,8557	0,8572	31
59	0,8572	0,8587	0,8601	0,8616	0,8631	0,8646	0,8660	**30**
60	0,8660	0,8675	0,8689	0,8704	0,8718	0,8732	0,8746	29
61	0,8746	0,8760	0,8774	0,8788	0,8802	0,8816	0,8829	28
62	0,8829	0,8843	0,8857	0,8870	0,8884	0,8997	0,8910	27
63	0,8910	0,8923	0,8936	0,8949	0,8962	0,8975	0,8988	26
64	0,8988	0,9001	0,9013	0,9026	0,9038	0,9051	0,9063	25
65	0,9063	0,9075	0,9088	0,9100	0,9112	0,9124	0,9135	24
66	0,9135	0,9147	0,9159	0,9171	0,9182	0,9194	0,9205	23
67	0,9205	0,9216	0,9228	0,9239	0,9250	0,9261	0,9272	22
68	0,9272	0,9283	0,9293	0,9304	0,9315	0,9325	0,9336	21
69	0,9336	0,9346	0,9356	0,9367	0,9377	0,9387	0,9397	**20**
70	0,9397	0,9407	0,9417	0,9426	0,9436	0,9446	0,9455	19
71	0,9455	0,9465	0,9474	0,9483	0,9492	0,9502	0,9511	18
72	0,9511	0,9520	0,9528	0,9537	0,9546	0,9555	0,9563	17
73	0,9563	0,9572	0,9580	0,9588	0,9596	0,9605	0,9613	16
74	0,9613	0,9621	0,9628	0,9636	0,9644	0,9652	0,9659	15
75	0,9659	0,9667	0,9674	0,9681	0,9689	0,9696	0,9703	14
76	0,9703	0,9710	0,9717	0,9724	0,9730	0,9737	0,9744	13
77	0,9744	0,9750	0,9757	0,9763	0,9769	0,9775	0,9781	12
78	0,9781	0,9787	0,9793	0,9799	0,9805	0,9811	0,9816	11
79	0,9816	0,9822	0,9827	0,9833	0,9838	0,9843	0,9848	**10**
80	0,9848	0,9853	0,9858	0,9863	0,9868	0,9872	0,9877	9
81	0,9877	0,9881	0,9886	0,9890	0,9894	0,9899	0,9903	8
82	0,9903	0,9907	0,9911	0,9914	0,9918	0,9922	0,9925	7
83	0,9925	0,9929	0,9932	0,9936	0,9939	0,9942	0,9945	6
84	0,9945	0,9948	0,9951	0,9954	0,9957	0,9959	0,9962	5
85	0,9962	0,9964	0,9967	0,9969	0,9971	0,9974	0,9976	4
86	0,9976	0,9978	0,9980	0,9981	0,9983	0,9985	0,9986	3
87	0,9986	0,9988	0,9989	0,9990	0,9992	0,9993	0,9994	2
88	0,9994	0,9995	0,9996	0,9997	0,9997	0,9998	0,99985	1
89	0,99985	0,99989	0,99993	0,99996	0,99998	0,99999	1,0000	0
	60′	50′	40′	30′	20′	10′	0′ ⇦ Minuten	Grad ⇧

Cosinus 0° ... 45°

Tangens 0° ... 45°

Grad ↓	0′	10′	20′	30′	40′	50′	60′	
0	0,0000	0,0029	0,0058	0,0087	0,0116	0,0145	0,0175	89
1	0,0175	0,0204	0,0233	0,0262	0,0291	0,0320	0,0349	88
2	0,0349	0,0378	0,0407	0,0437	0,0466	0,0495	0,0524	87
3	0,0524	0,0553	0,0582	0,0612	0,0641	0,0670	0,0699	86
4	0,0699	0,0729	0,0758	0,0787	0,0816	0,0846	0,0875	85
5	0,0875	0,0904	0,0934	0,0963	0,0992	0,1022	0,1051	84
6	0,1051	0,1080	0,1110	0,1139	0,1169	0,1198	0,1228	83
7	0,1228	0,1257	0,1287	0,1317	0,1346	0,1376	0,1405	82
8	0,1405	0,1435	0,1465	0,1495	0,1524	0,1554	0,1584	81
9	0,1584	0,1614	0,1644	0,1673	0,1703	0,1733	0,1763	**80**
10	0,1763	0,1793	0,1823	0,1853	0,1883	0,1914	0,1944	79
11	0,1944	0,1974	0,2004	0,2035	0,2065	0,2095	0,2126	78
12	0,2126	0,2156	0,2186	0,2217	0,2247	0,2278	0,2309	77
13	0,2309	0,2339	0,2370	0,2401	0,2432	0,2462	0,2493	76
14	0,2493	0,2524	0,2555	0,2586	0,2617	0,2648	0,2679	75
15	0,2679	0,2711	0,2742	0,2773	0,2805	0,2836	0,2867	74
16	0,2867	0,2899	0,2931	0,2962	0,2994	0,3026	0,3057	73
17	0,3057	0,3089	0,3121	0,3153	0,3185	0,3217	0,3249	72
18	0,3249	0,3281	0,3314	0,3346	0,3378	0,3411	0,3443	71
19	0,3443	0,3476	0,3508	0,3541	0,3574	0,3607	0,3640	**70**
20	0,3640	0,3673	0,3706	0,3739	0,3772	0,3805	0,3839	69
21	0,3839	0,3872	0,3906	0,3939	0,3973	0,4006	0,4040	68
22	0,4040	0,4074	0,4108	0,4142	0,4176	0,4210	0,4245	67
23	0,4245	0,4279	0,4314	0,4348	0,4383	0,4417	0,4452	66
24	0,4452	0,4487	0,4522	0,4557	0,4592	0,4628	0,4663	65
25	0,4663	0,4699	0,4734	0,4770	0,4806	0,4841	0,4877	64
26	0,4877	0,4913	0,4950	0,4986	0,5022	0,5059	0,5095	63
27	0,5095	0,5132	0,5169	0,5206	0,5243	0,5280	0,5317	62
28	0,5317	0,5354	0,5392	0,5430	0,5467	0,5505	0,5543	61
29	0,5543	0,5581	0,5619	0,5658	0,5696	0,5735	0,5774	**60**
30	0,5774	0,5812	0,5851	0,5890	0,5930	0,5969	0,6009	59
31	0,6009	0,6048	0,6088	0,6128	0,6168	0,6208	0,6249	58
32	0,6249	0,6289	0,6330	0,6371	0,6412	0,6453	0,6494	57
33	0,6494	0,6536	0,6577	0,6619	0,6661	0,6703	0,6745	56
34	0,6745	0,6787	0,6830	0,6873	0,6916	0,6959	0,7002	55
35	0,7002	0,7046	0,7089	0,7133	0,7177	0,7221	0,7265	54
36	0,7265	0,7310	0,7355	0,7400	0,7445	0,7490	0,7536	53
37	0,7536	0,7581	0,7627	0,7673	0,7720	0,7766	0,7813	52
38	0,7813	0,7860	0,7907	0,7954	0,8002	0,8050	0,8098	51
39	0,8098	0,8146	0,8195	0,8243	0,8292	0,8342	0,8391	**50**
40	0,8391	0,8441	0,8491	0,8541	0,8591	0,8642	0,8693	49
41	0,8693	0,8744	0,8796	0,8847	0,8899	0,8952	0,9004	48
42	0,9004	0,9057	0,9110	0,9163	0,9217	0,9271	0,9325	47
43	0,9325	0,9380	0,9435	0,9490	0,9545	0,9601	0,9657	46
44	0,9657	0,9713	0,9770	0,9827	0,9884	0,9942	1,0000	45
	60′	50′	40′	30′	20′	10′	0′	Grad ↑

Minuten (Tangens: 0′ → 60′; Cotangens: 60′ → 0′)

Cotangens 45° ... 90°

Tangens 45° ... 90°

Grad ↓	Minuten → 0′	10′	20′	30′	40′	50′	60′	
45	1,0000	1,0058	1,0117	1,0176	1,0235	1,0295	1,0355	44
46	1,0355	1,0416	1,0477	1,0538	1,0599	1,0661	1,0724	43
47	1,0724	1,0786	1,0850	1,0913	1,0977	1,1041	1,1106	42
48	1,1106	1,1171	1,1237	1,1303	1,1369	1,1436	1,1504	41
49	1,1504	1,1571	1,1640	1,1708	1,1778	1,1847	1,1918	**40**
50	1,1918	1,1988	1,2059	1,2131	1,2203	1,2276	1,2349	39
51	1,2349	1,2423	1,2497	1,2572	1,2647	1,2723	1,2799	38
52	1,2799	1,2876	1,2954	1,3032	1,3111	1,3190	1,3270	37
53	1,3270	1,3351	1,3432	1,3514	1,3597	1,3680	1,3764	36
54	1,3764	1,3848	1,3934	1,4019	1,4106	1,4193	1,4281	35
55	1,4281	1,4370	1,4460	1,4550	1,4641	1,4733	1,4826	34
56	1,4826	1,4919	1,5013	1,5108	1,5204	1,5301	1,5399	33
57	1,5399	1,5497	1,5597	1,5697	1,5798	1,5900	1,6003	32
58	1,6003	1,6107	1,6213	1,6318	1,6426	1,6534	1,6643	31
59	1,6643	1,6753	1,6864	1,6977	1,7090	1,7205	1,7321	**30**
60	1,7321	1,7438	1,7556	1,7675	1,7796	1,7917	1,8041	29
61	1,8041	1,8165	1,8291	1,8418	1,8546	1,8676	1,8807	28
62	1,8807	1,8940	1,9074	1,9210	1,9347	1,9486	1,9626	27
63	1,9626	1,9768	1,9912	2,0057	2,0204	2,0353	2,0503	26
64	2,0503	2,0655	2,0809	2,0965	2,1123	2,1283	2,1445	25
65	2,1445	2,1609	2,1775	2,1943	2,2113	2,2286	2,2460	24
66	2,2460	2,2637	2,2817	2,2998	2,3183	2,3369	2,3559	23
67	2,3559	2,3750	2,3945	2,4142	2,4342	2,4545	2,4751	22
68	2,4751	2,4960	2,5172	2,5387	2,5605	2,5826	2,6051	21
69	2,6051	2,6279	2,6511	2,6746	2,6985	2,7228	2,7475	**20**
70	2,7475	2,7725	2,7980	2,8239	2,8502	2,8770	2,9042	19
71	2,9042	2,9319	2,9600	2,9887	3,0178	3,0475	3,0777	18
72	3,0777	3,1084	3,1397	3,1716	3,2041	3,2371	3,2709	17
73	3,2709	3,3052	3,3402	3,3759	3,4124	3,4495	3,4874	16
74	3,4874	3,5261	3,5656	3,6059	3,6470	3,6891	3,7321	15
75	3,7321	3,7760	3,8208	3,8667	3,9136	3,9617	4,0108	14
76	4,0108	4,0611	4,1126	4,1653	4,2193	4,2747	4,3315	13
77	4,3315	4,3897	4,4494	4,5107	4,5736	4,6383	4,7046	12
78	4,7046	4,7729	4,8430	4,9152	4,9894	5,0658	5,1446	11
79	5,1446	5,2257	5,3093	5,3955	5,4845	5,5764	5,6713	**10**
80	5,6713	5,7694	5,8708	5,9758	6,0844	6,1970	6,3138	9
81	6,3138	6,4348	5,5605	6,6912	6,8269	6,9682	7,1154	8
82	7,1154	7,2687	7,4287	7,5958	7,7704	7,9530	8,1444	7
83	8,1444	8,3450	8,5556	8,7769	9,0098	9,2553	9,5144	6
84	9,5144	9,7882	10,0780	10,3854	10,7119	11,0594	11,4301	5
85	11,4301	11,8262	12,2505	12,7062	13,1969	13,7267	14,3007	4
86	14,3007	14,9244	15,6048	16,3499	17,1693	18,0750	19,0811	3
87	19,0811	20,2056	21,4704	22,9038	24,5418	26,4316	28,6363	2
88	28,6363	31,2416	34,3678	38,1885	42,9641	49,1039	57,2900	1
89	57,2900	68,7501	85,9398	114,5887	171,8854	343,7737	∞	0
	60′	50′	40′	30′	20′	10′	0′ ← Minuten	Grad ↑

Cotangens 0° ... 45°

Sachwortverzeichnis